Manuel y Antonio Machado

LA DUQUESA DE BENAMEJÍ

GUÍA DIDÁCTICA

Edición y guía didáctica de José Luis Abraham López

La duquesa de Benamejí. Guía didáctica.
Primera Edición 2024

© Herederos de Manuel Machado y Antonio 2024
© Edición y guía didáctica de José Luis Abraham López
Ilustraciones de la cubierta: Elena López Gallego

© Ediciones Rilke.
http://www.edicionesrilke.com
editorial@edicionesrilke.com
C/Dr. Fleming Nº 50, 4ºD
28036 Madrid
Teléfono: 34 91 999 13 12

ISBN: 978-84-18566-41-7

Depósito Legal: M-11884-2024

MANUEL Y ANTONIO MACHADO

LA DUQUESA DE BENAMEJÍ

Edición y guía didáctica de José Luis Abraham López

PERFIL BIOGRÁFICO DE MANUEL Y ANTONIO MACHADO

Varios miembros de la familia Machado destacan por sus dotes artísticas. El abuelo paterno, el eminente médico e investigador Antonio Machado y Núñez contrajo matrimonio con Cipriana Álvarez Durán, joven inquieta y con habilidades hacia la pintura, quien estimulará el espíritu artístico de su único hijo, Antonio Machado Álvarez, padre de nuestros dos protagonistas, quien ejercía de abogado y destacaba por sus profundos conocimientos del folklore andaluz, llegando a publicar numerosos estudios bajo el seudónimo Demófilo. De su matrimonio con Ana Ruiz Hernández nacerían cinco hijos y una hija, Cipriana. Estas virtudes artísticas apuntadas fueron heredadas por los miembros del núcleo familiar: José fue dibujante, pintor y profesor; Joaquín ejerció el periodismo y Francisco fue poeta y funcionario miembro del Cuerpo de Prisiones.

Centrándonos en Manuel y Antonio Machado Ruiz, diremos que aquel fue el primer hijo del matrimonio. Nacido en 1874 en Sevilla, cuando contaba cinco años la familia cambió su domicilio a Madrid tras conseguir el abuelo paterno  una cátedra en la Universidad Central. En la capital, el joven Manuel tiene ocasión de estudiar en la Institución Libre de Enseñanza, comandada por Francisco Giner de los Ríos, licenciándose en Filosofía y Letras en la Universidad de Sevilla en 1897.

Los dos años que pasa en París (1898-1900) serán decisivos, pues además de trabajar como traductor en la editorial Garnier, le permitirán a

Manuel conocer de primera mano el bullicioso ambiente cultural y literario de la ciudad de la luz, y cuyas influencias modernistas dejarán su impronta en su primer libro, *Alma* (1902), con una clara influencia de poetas como Rubén Darío y Paul Verlaine.

De vuelta a España, al año siguiente colabora en rotativos como *ABC* y *Blanco y Negro*, estrenando la comedia *Amor al vuelo* en colaboración con José Luis Montoto. Tras la publicación de *El mal poema*, inscrito también en el Modernismo, en 1910 contrae matrimonio con su prima Eulalia Cáceres Sierra, trasladándose a Madrid.

La aparición de *Cante hondo* en 1912 supuso un sorprendente éxito, hasta el punto de vender mil ejemplares nada más aparecer en las librerías. Manuel entra a formar parte del Cuerpo Facultativo de Archiveros, Bibliotecarios y Arqueólogos, desempeñando también labores como archivero en el Ayuntamiento de Madrid.

Antes de entrar, junto a su hermano Antonio, en una etapa prolífica como dramaturgo, en 1921 ve la luz su poemario *Ars moriendi*, en el que adopta un tono más existencialista. Cuando estalla la Guerra Civil española, Manuel y su esposa se encuentran en Burgos, donde son informados de la denuncia caída sobre él por un corresponsal de *ABC* en París siendo detenido y encarcelado unos días. En contraste con estas noticias, Manuel Machado ingresa como académico de la Lengua Española en 1938, falleciendo en Madrid en el mes de enero de 1947.

El haber nacido Antonio casi un año más tarde, también en Sevilla, hace que las vicisitudes y estudios de su infancia fueran compartidos e inseparables, así como sus decisivas aventuras en París y Madrid. Antonio colaboró en revistas literarias y periódicos influentes como *Helios*, *Blanco y Negro* o *Alma Española*. En 1907 obtiene plaza como profesor de francés en Institutos de Segunda Enseñanza, casi coincidiendo con la aparición de su segundo poemario, una versión ampliada de *Soledades* bajo el titulo *Soledades. Galerías. Otros poemas* en el que el simbolismo se distingue de otros aspectos.

Su destino profesional durante cinco años en Soria le descubre la esencia de Castilla, un sentir que quedará estampado en *Campos de Castilla* (1912). Además, en la ciudad leonesa conocerá a Leonor Izquierdo, quien por entonces no pasa de los trece años. No tardan en formalizar su compromiso, contrayendo matrimonio el 30 de julio de 1909. Dos años más tarde, a la joven le diagnostican tuberculosis falleciendo el primer día de agosto de 1912.

Quedando una plaza vacante en Baeza, hasta allí se traslada Antonio, donde vivirá siete años ejerciendo como profesor de Gramática Francesa en el instituto de Bachillerato.

 En este período, se acerca al tono popular que tanto había escuchado en su hogar familiar, y que le permitirá reunir los poemas que compondrán *Nuevas canciones*. Siendo licenciado en Filosofías y Letras, en 1919 consigue plaza en un Instituto de Segovia. Antes que su hermano Manuel, en 1927 Antonio será elegido miembro de la Real Academia Española, aunque curiosamente nunca llegó a tomar posesión.

Entre 1928 y 1936, Antonio mantendrá una estrecha relación epistolar con la poetisa y dramaturga Pilar de Valderrama, Guiomar, a quien dedicará algunos de sus poemas. En Segovia se encuentra Antonio cuando el 14 de abril de 1931 estalla la II República. Tres meses más tarde se traslada a Madrid, una vez concedida una cátedra de francés, pudiendo reunirse con su madre, su hermano José y los hijos de este. Si bien su producción poética disminuye en este período, no menos cierto es que se dedica con profusión a la prosa, con colaboraciones en distintos medios periodísticos y trabajando en lo que será *Juan de Mairena* y *Abel Martín*.

Al comenzar la Guerra Civil, sus amigos le convencen para que abandone España, marchando a Colliure, donde fallece en febrero de 1939.

En palabras de Dámaso Alonso, si Antonio era introvertido, silencioso, con aspecto triste, «era pozo, hondura, agua adensada en sombra»; en cambio, Manuel era divertido, «gracia, impulso, fuente, surtidor. Subía al cielo, salía a la calle rumorosa: subía, / bajaba, / charlaba,...»[1]. En cualquier caso, Manuel y Antonio, dos escritores singulares conocidos sobre todo en su faceta poética, de los que queremos compartir precisamente una labor más olvidada pero no menos interesante, la de dramaturgos.

Producción teatral de Manuel y Antonio Machado con guías didácticas editadas en Ediciones Rilke:

Desdichas de la Fortuna o Julianillo Valcárcel (1926)
Juan de Mañara (1927)
Las adelfas (1928)
La Lola se va a los puertos (1929)
La prima Fernanda (1931)
La duquesa de Benamejí (1932)
El hombre que murió en la guerra (1941)

---

[1] ALONSO, Dámaso. *Poetas españoles contemporáneos*. 3ª ed. Madrid: Gredos, 1988, p. 49.

EL ROBINHOOD DE LA SERRANÍA

La puesta de largo de *La duquesa de Benamejí* tuvo lugar en el Teatro Español de Madrid el 26 de marzo de 1932, Sábado de Gloria. Este será el último estreno teatral que los hermanos sevillanos compartirán de una obra conjunta, como venían disfrutando desde que el 9 de febrero de 1926 lo hicieran con *Desdichas de la fortuna o Julianillo Valcárcel*. La

guerra civil española truncará esta singular compenetración autoral. En esta ocasión, será Margarita Xirgu la actriz estelar entre el elenco de la compañía que dará lustre a este drama de cuya dirección se encargó Cipriano Rivas Cherif, manteniéndose en cartel treinta y cuatro días. Poco tiempo después del estreno, 9 de abril, apareció impreso como número 239 de la revista *La Farsa* con dibujos de su hermano José[2].

La misma jornada de su presentación en público, los sevillanos compitieron con otras novedades en la cartelera, como el «drama para reír» *¡La maté porque era mía!* de Francisco Ramos de Castro (en el Teatro Victoria); en el coliseo María Isabel se anunciaba la novela escénica *El hogar* de José Fernández del Villar; en el Teatro Muñoz Seca la comedia *Juanita la loca* de Enrique Suárez de Deza, las comedias en prosa *Los malhechores del bien* de Jacinto

---

[2] Además de ediciones posteriores, en 1949 la obra fue llevada a la gran pantalla por Luis Lucía con el título *La reina de Sierra Morena, Duquesa de Benamejí*. En la foto vemos a los hermanos Machado retratados con la actriz Margarita Xirgu la noche del estreno. Véase VILLA, Antonio de la. "Los teatros inauguraron con gran brillantez su segunda temporada". En: *La Libertad*, Año 14, n. 3751, 27 de marzo de 1932, p. 5.

Benavente y *El condado de Mairena* de Muñoz Seca (en el popular Cine Ideal). Igualmente, la apretada agenda cultural ofrecía un interesante plantel de zarzuelas como la revista de Francisco Loygorri con música de Pablo Luna *Cómo están las mujeres* (Teatro Maravillas), y *Luisa Fernanda* de Moreno Torroba y Fernández Shaw (Teatro Calderón).

La crítica acogió la obra de los Machado de manera dispar. Para unos se trata de una pieza tópica y folletinesca[3]; para otros, un «drama de pasión, de celos y de muerte»[4], algunos redujeron su mérito a ser una «estampa viva de la España romántica»[5]. Tendremos ocasión de comprobar cómo, a pesar de adherirse a esta imagen folclórica, su interés dramático apunta en otra dirección. Ángel Lázaro reconoció en *La duquesa de Benamejí* la más sobresaliente de entre la producción de los Machado: «eso es su drama: acción, pasión, conciencia. Clara visión de su propia estética»[6]. A estos pareceres hay que sumar Romero Ferrer para quien popularismo, costumbrismo y ruralismo sintetizan las claves interpretativas de *La duquesa de Benamejí*[7]. Más allá de estas consideraciones, los propios autores, el mismo día del estreno, revelaron sus intenciones, más afines a las tradicionales de diversión y, por tanto, muy alejadas de las prácticas imaginativas, simbólicas o de crítica social que por aquellos años se estaban llevando a la escena:

> ¿Novedad? De propósito, ninguna. Nuestra obra ha de parecerse a muchas que se han escrito y a otras muchas que todavía han de escribirse. Sin embargo, no renunciamos a

---

[3] BAAMONDE, Miguel Ángel. *La vocación teatral de Antonio Machado*. Madrid: Gredos, 1976, p. 61.
[4] CASTRO, Miguel de. "La semana teatral". En: *Las Provincias: diario de Valencia*, Año 67, n. 20429, 1 de abril de 1932, p. 14.
[5] "Gacetillas". En: *Ahora: diario gráfico*, Año 3, n. 422, 21 de abril de 1932, p. 23.
[6] LÁZARO, Ángel. "*La duquesa de Benamejí*". En: *La Libertad*, Año 14, n. 3754, 27 de marzo de 1932, p. 5.
[7] ROMERO FERRER, Alberto. *Los hermanos Machado y el teatro (1926-1932)*. Sevilla: Diputación, 1996, p. 99.

contribuir –en la medida de nuestras fuerzas– a la renovación del teatro, devolviéndole un poco de su perdida inocencia– porque no siempre se renueva con novedades[8].

Arraigada más al teatro de índole romántica, Antonio Cruz Casado recuerda que esta práctica ya era conocida por los dramaturgos sevillanos en sus colaboraciones juntos o individualmente en títulos como *El aguilucho* (1920) de Edmond Rostand y *Hernani* (1925) de Víctor Hugo, entre otras[9].

No es esta la primera vez que Manuel y Antonio Machado acuden a la tradición popular para perfilar un personaje dramático principal. Ya habían puesto su mirada en la figura del don Juan para *Desdichas de la fortuna o Julianillo Valcárcel* y para *Juan de Mañara*. *La duquesa de Benamejí* se inspira en la historia de bandoleros probablemente conocidos por los autores gracias a la erudición que sobre folklore mostraron su abuelo Antonio Machado y Núñez y su padre. A falta de testimonios y fuentes exactas aclaratorias sobre el modelo que tomaron los autores para crear el carácter del bandido, resulta indudable que ciertos rasgos, como la generosidad, se acerca al que se le conoció a Diego Corrientes. Y por la leyenda aireada en romances de raíces populares probablemente conocieran detalles biográficos de José María el Tempranillo (nacido en Jauja), las peripecias de Juan Caballero (natural de Estepa) y del lucentino Francisco Esteban. Tampoco parece casual la inclinación topográfica por Benamejí, lugar de asentamiento de conocidos bandoleros, mas si tenemos en cuenta que –acogiéndonos ahora sí a la historia

---

[8] MACHADO, Manuel y Antonio. "Autocríticas. *La duquesa de Benamejí*". En: *ABC*, 26 de marzo de 1932.

[9] CRUZ CASADO, Antonio. "De nobles y bandoleros: «La Duquesa de Benamejí» (1932), de Manuel y Antonio Machado". En: *Actas de las primeras jornadas de la Real Academia de Córdoba en Benamejí.* Córdoba: Diputación, 1998, p. 316. Alberto Romero Ferrer llama la atención del parecido de la obra machadiana con *Los bandidos*, de Friedrich Schiller, «obra, al parecer, traducida por Manuel». ROMERO FERRER, A., op. cit., p. 83.

real– los dramaturgos alteraron para su pieza el título nobiliario de la marquesa por el de duquesa y evitar así algún involuntario desatino. Según el trabajo documentado de Manuel García Hurtado (*El donadío, el señorío y el Marquesado de Benamejí*), la marquesa de Benamejí fue raptada por unos bandoleros y, una vez rescatada, reconoció estar enamorada del capitán, lo que con algunos matices siguen Manuel y Antonio Machado como cimiento básico para su drama.

Adentrándonos en la arquitectura organizativa de este diremos que el acto primero duplica en número de escenas (trece) a los dos restantes, mientras el último consta además de dos cuadros. La obra arranca con una escena costumbrista en la que los criados preparan la fiesta anunciada para esa misma noche en la casa señorial. El criado José Miguel piensa darle una sorpresa a su señora, la duquesa Reyes, con la presencia de Rocío la gitana, quien ha pedido alojamiento en el palacio campestre. Mientras, el pastor Bernardo dice haber visto al legendario bandido Lorenzo Gallardo huyendo de Carlos, marqués de Peñaflores, atrayendo ya la atención del espectador y de los mismos interlocutores. En este relajado trasfondo festivo rompe la algarabía un repentino sonido de disparos. Entretanto, el abuelo de la duquesa le aconseja a esta contraer matrimonio con su primo Carlos.

En este punto, asiste a un desconcertante encuentro cuando, en una imponente salida a escena, Lorenzo expone a Reyes (antes de irse esa a dormir) que con su presencia en el palacio evitará más derramamiento de sangre. La conversación entre ambos permite a Reyes reconocer en él al «niño del Olivar», trascendiendo la anécdota un pasaje de la infancia. Ambos pactan una singular estrategia: que Lorenzo marche hasta que ella se reúna en su refugio de las montañas con él. Esta pericia no desbarata la presencia súbita de Carlos. Vemos cómo el primer acto va más allá de la simple presentación de personajes y acción, pues se han topado frente a frente protagonistas y antagonistas. Igualmente, porque la duquesa ha trasgredido al comienzo de la obra ese espacio fronterizo de lo social y lo moral. Conocedor de lo intrincado de la serranía, Lorenzo consigue huir.

En el segundo acto, ya con Reyes en el «nido de ladrones» de Gallardo, la cuadrilla de este sospecha del enamoramiento de la duquesa y su líder y de la razón verdadera que incita al bandido a llevar una vida montaraz de proscrito (la pretensión de fama). Un nuevo elemento, muy del gusto de los Machado, aparece en escena: también Rocío siente en silencio amor por Lorenzo. Presa de los celos, la gitana no encuentra remedio a su desazón e hiere a Reyes. Mientras seguimos consternados con la reacción de Rocío, irrumpe Carlos proponiendo el indulto de los bandidos a cambio de entregar a la justicia a Lorenzo Gallardo, el cual está comprometido con su destino: anima a los suyos a deponer las armas y entregarse resignado al sometimiento de la ley.

El tercer acto comienza con un cambio radical en la escenografía. Ahora nos hallamos en la plaza del pueblo. Gallardo ha sido conducido desde la cárcel a la Audiencia para ser juzgado. Demostrados y confesados sus delitos, nada libra a Lorenzo de ser condenado a muerte. Traicionado por la gitana Rocío al mostrar el sendero de los Jarales a los soldados del marqués, acude ahora a la celda para intentar liberarlo. Lo mismo hace la duquesa Reyes, con la esperanza de que un salvoconducto del rey certifique su libertad. Pero los celos pueden más que la resignación de amor en Rocío, quien acaba con la vida de la duquesa, demostrándose una vez más en la dramaturgia de los Machado la fatalidad del amor. A Lorenzo solo le queda que Carlos cumpla con su deber para cumplir así del todo con el drama.

A la imagen estereotipada que en algunos de sus rasgos fundamentales vemos en *La duquesa de Benamejí* ha contribuido la visión recurrente y exótica de una Andalucía cuyas señas de identidad esenciales –transmitidas por ilustres viajeros extranjeros– son los gitanos, los toreros y los bandoleros asentándose en el imaginario colectivo sobre Andalucía. En este sentido, no le falta razón a Juan Mondéjar cuando estima que en la obra

> el pueblo es la comparsa, el tablado en que se sostiene el amor folletinesco de una Andalucía miserable y literariamente romántica. Aquí hay dos mundos sociológicos y dos mundos lingüísticos, cuyos puntos de contacto se encuentran circunstancialmente, en la *juerga* y en la *persecución*[10].

Esta apreciación podemos complementarla con esta otra de Alberto Romero Ferrer:

> Esta galería de personajes [el bandolero, la gitana, la duquesa, los rigores que presentaban Andalucía como si de una nueva Arcadia del presente se tratara], más o menos arquetípicos, remite muy sintomáticamente al mundo del cordel, el romancero, el sainete o la literatura folletinesca; esferas generalmente poco o "mal consideradas", por su condición menor, desde un punto de vista crítico[11].

Resulta curioso que el bandolerismo llamara antes la atención de la literatura de tradición oral que la de eruditos o historiadores. Conforme vamos adentrándonos en el corpus de *La duquesa de Benamejí* observamos muchas similitudes con las comedias de bandoleros: Lorenzo es un joven de clase

[10] MONDÉJAR, Juan. "El andalucismo ambiental y el andalucismo lingüístico en el teatro de los hermanos Machado". En: *Antonio Machado hoy: actas del Congreso Internacional conmemorativo del cincuentenario de la muerte de Antonio Machado*. Volumen II. Sevilla: Alfar, 1990, p. 141.
[11] ROMERO FERRER, A., op. cit., p. 279.

acomodada que opta por el camino del bandolerismo por una desavenencia familiar; aun su condición rebelde, respeta al monarca sin olvidar cómo la traición de uno de sus seguidores (Rocío) conduce a su detención. Ahora bien, esta sujeción de la figura del bandido a convencionalismos solo será en parte, pues en la obra de los Machado se distingue fundamentalmente en varios aspectos. Uno de ellos es la actitud de la duquesa quien si acompaña a Lorenzo no es para enarbolar con él la bandera de la justicia ni porque huya de la deshonra, sino para convencerle de la posibilidad de una vida más digna juntos. Además, el no arrepentirse Lorenzo de sus pecados añade un rasgo novedoso en comparación con otros bandoleros surgidos de la ficción. A pesar de la importancia dada a este personaje, tampoco nos parece que sea este el foco central al que haya que mirar. Bien claro lo dice Enrique Baltanás: «el bandolerismo no es el tema de la obra, sino solo su marco», siendo lo principal la relación entre Lorenzo Gallardo y Reyes[12].

Ahondan los autores en la psicología de unos personajes adscritos a pasiones desenfrenadas, fuerzas en conflicto y tipos. En el repaso de estos diremos de Lorenzo Gallardo que su salida del seminario por falta de vocación deriva en una vida totalmente diferente pues, abandonadas la rigidez y austeridad de los hábitos y renegar también de la disciplina de la vida militar, se entrega a la aventura y azares propios del insurrecto. La imagen estereotipada del bandido se compenetra con aquella inicial de Lorenzo: generoso e idolatrado por el pueblo, pero también se desmarca del interés por lucrarse. Es tal la admiración que hacia sí atrae que muchos personajes le conceden sin remilgos la corona de la ejemplaridad.

Solo a partir de la presencia de la duquesa, esta figuración dejará al aire las carencias afectivas de este supuesto héroe que pasa a convertirse en un individuo con flaquezas. Precisamente

---

[12] BALTANÁS, Enrique. *La obra común de los hermanos Machado*. Sevilla: Renacimiento, 2010, p. 215.

sus debilidades le impiden comprometerse incondicionalmente con Reyes, viniendo a contradecir el significado de gallardo de su propio nombre; quizá toda una parodia funcional por parte de los autores para poner en entredicho la valentía en el terreno amoroso, anteponiendo «su ambición de gloria como forma de huida del amor real»[13]. Y nos referimos aquí a que si bien Lorenzo es gentil y garboso sin parecernos, en cambio, tan bravo como en sí lo pinta el cliché. Su épica radica en un sentido moral propio cuando restaura agravios y reparte el saqueo entre los pobres, en contraposición a su cuestionable desenvoltura cuando es el amor el motivo crucial de una vital determinación. De acuerdo a la puesta en escena del actor que lo interpretó, la crítica destacó igualmente «el ímpetu, la pasión, el arrebato del personaje»[14], el «enérgico temple, generoso, leal y enamorado»[15] y la arrogancia del bandido generoso.

El héroe del drama ofrece múltiples perfiles esmaltados por sus avatares vitales: en su mocedad vivió entre libros en un seminario teologal, lidera con carisma a una veintena de salteadores en la sierra y seduce porque además de instruido en lo académico es dadivoso aun viviendo al margen de la ley. Es esta la forma que tiene de ver satisfecha su aspiración de justicia aunque estas vicisitudes no las asume Lorenzo precisamente como una fatalidad trágica, sino como una oportunidad de libertad y de autorrealización, tal como haría un insigne adalid romántico. Es significativa la caracterización proteica de Lorenzo pues está envuelto en la luz de hacer justicia y en las tinieblas de ser –desde el otro lado– el

---

[13] Ibid., p. 204.
[14] B. "Ayer inauguraron los teatros madrileños la temporada de primavera con el estreno de siete obras entre líricas y dramáticas". En: *Ahora: diario gráfico*, Año 3, n. 401, 27 de marzo de 1932, p. 17.
[15] CISTUE DE CASTRO, Pablo. "Principal. *La duquesa de Benamejí*". En: *La Voz de Aragón: diario gráfico independiente*, Año 8, n. 2100, 19 de junio de 1932, p. 16.

desestabilizador de esta. En realidad, doble máscara de redentor y de amenaza.

En la duquesa (bella, joven y viuda después de un corto matrimonio) se produce una curiosa simbiosis proveniente de la prosapia de la misma y de su carácter impetuoso regido por la heroicidad y la abnegación. Reyes renuncia a los códigos de su mundo aristocrático y hasta a la libertad que le promete Lorenzo, por cumplir con su deseo de permanecer a su lado. De existir una conversión en la obra esta es la de la duquesa, decidida a luchar por su amor. Duquesa y bandolero son soberanos en sus respectivos reinos pero más peculiar en el caso de él en la medida en que su valentía queda en entredicho si nos atenemos a los escasos riesgos que asume cuando tiene la oportunidad de entronizar para siempre su pasión amorosa. Este hecho nos hace discrepar con la mayoría de la crítica que ha visto en *La duquesa de Benamejí* una manifestación obsoleta de un tema de extensa tradición literaria y ha colocado antes la supuesta falsa andaluzada[16] que la peculiar figura del bandolero que resulta medroso en la conquista de sus sentimientos. Traicionando el decoro de la clase social a la pertenece, será la duquesa quien asuma la rebeldía para acudir a los brazos del forajido. En ella se da el carácter ambivalente de tierna y decidida. Así lo hizo ver algún crítico en la representación que de este personaje realizó la actriz Margarita Xirgu: «dulce carácter de la protagonista –aunque, a mi parecer la duquesa enamorada tiene arrestos para afrontar a tono mayor los trances trágicos a que su amor la arrastra»[17].

Manuel y Antonio Machado pusieron esmero en la elección del nombre de sus protagonistas. Lorenzo alude "al laureado" junto al apellido que hace honor, en parte, a la

---

[16] Entre ellos Melchor Fernández Almagro, José Monleón, Antonio Espina, etc. frente a la opinión de Enrique Baltanás, op. cit., p. 215. Véase bibliografía.
[17] GONZÁLEZ OLMEDILLA, Juan. "Las novedades escénicas del Sábado de Gloria". En: *Heraldo de Madrid*, Año 42, n. 14401, 28 de marzo de 1932, p. 5.

bravura de quien lo porta. En el caso de Reyes, terminará siendo «capitana, reina, diosa».

Muchos críticos sitúan *La duquesa de Benamejí* en la órbita de la tradición que la figura del bandolero caló en el Siglo de Oro (Cristóbal de Virués, Lope de Vega, Antonio Mira de Amescua, Tirso de Molina, Calderón de la Barca). También en Antonio de Hoyos (1884-1940) encontramos similitudes; en concreto, en su novela *La marquesa y el bandolero* se perciben concomitancias entre el talante de sus personajes. Mercedes vive asfixiada en la monotonía conyugal y –anhelada de amor– su mente imaginativa le hace soñar con conocer algún día al legendario «Niño de los Caireles», un bandolero que comparte algunos rasgos con Lorenzo Gallardo:

> Era como una leyenda de otros tiempos que resucitase; era el prototipo del bandido caballeresco, que se juega la vida para cantar al pie de la reja de las mocitas, apalea jueces injustos y reparte entre los pobres el dinero robado a los ricos[18].

Si la aristócrata Reyes es noble y generosa, en su antagonista Rocío predomina un sentimiento envenenado por los celos. Será esta quien desate el drama al revelar a Carlos el camino por donde duquesa y forajido pueden escapar. Clave en la construcción dramática, Rocío se siente engañada en su ilusoria fidelidad por Lorenzo y convierte en afrenta el desinterés del bandido, pero no hacia este sino ante la parte más aparentemente débil, la duquesa.

Primo y pretendiente de Reyes, de nada le servirá al marqués de Peñaflores su persuasión sobre los seguidores de

---

[18] HOYOS Y VINENT, Antonio de. *Bestezuela de amor*. Barcelona: Ramón Sopena, s.f., p. 206. En el primer tercio del siglo XX, dirigida por Eusebio Heras, en el comienzo de su andadura, la revista semanal *La novela breve* puso en marcha una colección de bandidos célebres: «Vida y aventuras de los reyes del trabuco, la navaja y el puñal, relatadas en forma novelesca». Véase GONZÁLEZ TROYANO, Alberto. "Tipologías populares andaluzas en el teatro de los hermanos Machado". En: *Antonio Machado hoy. Actas del Congreso Internacional conmemorativo del cincuentenario de la muerte de Antonio Machado*. Volumen II. Sevilla: Alfar, 1990, pp.105-108.

Lorenzo para deponer las armas. Igual que Rocío con Reyes, Carlos se mueve con la insana intención de capturar a Lorenzo por cumplir con su deber pero también por celos. No obstante su rivalidad, el personaje del marqués se construye en estrecha conexión con el del bandido. Es más: los valores que encarna Carlos (representación también de la reacción de los poderes políticos) apuntan a Lorenzo como apropiador de lo ajeno y, por tanto, individuo cuya actitud es reprobable. De esta forma, se nos propone una disyuntiva: hasta qué punto el bandido es un villano o un héroe, un criminal o un popular justiciero.

Por otra parte, las huestes de Lorenzo se muestran fieles al código caballeresco. Algunos personajes son modelados sobre un patrón ya conocido por los autores. De hecho, para Rosario Sanmartín, Pedro Cifuentes –lugarteniente de Lorenzo– entronca su popular filosofía con Heredia, personaje de *La Lola se va a los puertos*[19]. Y lo mismo hacen los Machado sobre la enroscada trama de antagonistas femeninos definidos, entre otros, por la nobleza y el impulso corrosivo de los celos.

Para subrayar la ambientación, los escritores andaluces introducen entre las *dramatis personae* un capitán galo que repuso en el trono a Fernando VII al frente de los Cien Mil Hijos de San Luis. Las intervenciones de este refuerzan el carácter de lo español incidiendo en la pintoresca imagen consagrada por viajeros románticos, a la que continuamente aludirá Marcel Delume, como si acaso las pasiones trágicas llegaran a forjar una marca indeleble de la identidad del espíritu español. Frente a esta visión, los Machado recurren a su gusto por el folklorismo con la inclusión de sevillanas manchegas, coplas, bailes y escenas costumbristas, etc. integrando en el espectáculo teatral elementos populares tradicionales.

---

[19] SANMARTÍN, Rosa. *La labor dramática de Manuel y Antonio Machado*. Granada: Ediciones Mágina, 2010, p. 85.

Si trazamos un itinerario de lugares, encontramos de nuevo una escenografía andaluza tamizada por rasgos románticos e ingredientes atractivos para el gran público: forajidos, reclusión, arrebatos de amor, emboscadas y asesinatos. En este sentido, Benamejí cuenta con una extensa tradición de conocidos bandoleros instalados en los refugios naturales que les permiten el entorno. No deja de ser curioso que, nada más alzarse el telón, aunque indefinida por la ausencia de deícticos, la primera referencia aluda simultáneamente a dos dimensiones escénicas fundamentales: el palacio y, al fondo, la serranía.

En el revestimiento argumental los espacios afianzan caracteres como sirven de tránsito en la urdimbre de la trama. Así, las protuberancias rocosas, los densos matorrales y los arbustos espinosos sugieren una topografía quebrada en un enclave geográfico[20] que definen a sus moradores y su forma de vida. El primer acto, en el palacio de la duquesa en el campo andaluz; el segundo, en el corazón de la agreste serranía; el tercero en la plaza del pueblo donde Lorenzo Gallardo cae preso y es juzgado, y en la casa que le sirve más tarde de refugio. A estos sumamos el microespacio de una sala del palacio donde se produce el primer encuentro a solas entre duquesa y bandolero, indicador locativo de intimidad frente al salón señorial que revela un significado más acorde con lo social.

Recordemos la atmósfera festiva en la escenografía cerrada del palacio. Allí coinciden personajes de distintas clases sociales cumpliendo la misión funcional de describir el ambiente comunitario que es capaz de aglutinar la duquesa. Luego, en el acto II, el entorno natural del monte (espacio exterior) actúa de marco escénico para la dramatización de varios temas cruciales: el deseo de libertad, el encuentro y la resolución amorosa.

---

[20] Además de Benamejí y su entorno, nos referimos fundamentalmente a la sierra de Quesada, ubicada al sureste del Parque Natural de la Sierra de Cazorla, Segura y las Villas.

Podríamos llevar más lejos la paradoja de las referencias topográficas en la medida en que la duquesa vive en un emplazamiento cerrado pero sus perspectivas de futuro se reconocen en uno abierto. Este manejo de los lugares admite varias dicotomías: realidad-sueño, civilización-naturaleza, opresión-libertad...

La plaza del pueblo, tercer acto, es el punto común para las habladurías y conjeturas pero también la necesidad imperiosa de Frasco José de hablar con Gallardo. En ese espacio abierto están referidos otros dos cerrados: la Audiencia (la justicia) y la prisión (la condena). Si al hacer su salida del tribunal Lorenzo es contemplado como un héroe, luego en la capilla vemos a un hombre inmolado que aguarda la hora de su muerte.

En el cuadro segundo volvemos a la prisión en una escena singular: la confesión de Lorenzo y Pedro Cifuentes. Así, el esquema espacial de la obra se reparte entre emplazamientos en los que encajan los hechos (sin duda también funcionales) y otros asimilados a connotaciones simbólicas. De entre estos últimos, es sin duda la celda el más significativo por cuanto espacio acotado de un individuo que en sus paredes se proyecta la sombra de lo que fue y lo que pudo haber sido: metáfora de un sueño truncado. Además, el tiempo se contrae en comparación con el acelerado ritmo de escenas anteriores.

Por lo que atañe a la ubicación temporal, algo indefinida en la acción, la mayor precisión de los hechos dramatizados nos la da el escritor sevillano Juan González Olmedilla: «Y ahí está, cuajada en tres actos de maestros, su interpretación de la España romántica de 1834»[21]. Los dramaturgos insertan un suceso histórico en la realidad dramática a través de la figura del bandolero pero igualmente por medio de la presencia latente de Fernando VII. Si en la obra anterior, *La prima Fernanda* (1931), los autores ambientaron su comedia de figurón en una época cercana al momento de su recepción, en

---

[21] GONZÁLEZ OLMEDILLA, J., op. cit., p. 5.

La duquesa de Benamejí se remontan a la del monarca «el Deseado». Los conflictos político-sociales aludidos a lo largo de *La duquesa de Benamejí* permiten a Enrique Baltanás afirmar que en ella «se abrazan una intriga política y una intriga sentimental»[22].

El tiempo queda transfigurado hábilmente. El intenso primer acto transcurre durante una sola noche: fiesta, encuentro, confesión, persecución y huida. El segundo es una continuación, parece que inmediata, del anterior. Ahora es Reyes quien acude a la guarida de Lorenzo. En este acto el tiempo se diluye. En cambio, el último es el que más referencias temporales ofrece. Por los rumores de los curiosos que aguardan en la plaza, sabemos que han transcurrido dos horas desde que a Gallardo lo condujeron de la cárcel a la Audiencia para ser juzgado y, ya atardeciendo, es sentenciado a muerte al amanecer. Reyes y Frasco José planean rescatar a Lorenzo a las cuatro de la mañana, antes de su ejecución. Parece ser lógica la profusión de referencias temporales si valoramos que precisamente el tiempo es ahora, más que nunca, una cuestión de vida o muerte.

Si nos ceñimos al estilo, el aliento de la prosa y el verso contribuye a subrayar el dramatismo cuya piedra angular la apuntalan los dramaturgos en las secuencias líricas que si permiten indagar en el intimismo lo hacen también en los momentos más dramáticos.

Merece la pena reproducir un extracto de la entrevista que el periodista González Olmedilla mantuvo con los autores que insisten en el tono poético que imprimen al drama.

> El asunto, el asunto –me dice Manuel Machado– es lo de menos en nuestra obra. Lo que nos interesa es haber animado sobre la escena un trozo de vida, un ambiente poblado de criaturas humanas.

---

[22] BALTANÁS, E., op. cit., p. 192.

Y moverlo por modo dramático, teatral, con un interés que no nos importa llegue hasta lo novelesco –agrega Antonio Machado.

– Justo: un juego de fuerzas, de pasiones, de caracteres, de tipos… y arquetipos, si Dios se ha servido darnos aliento para tanto. Un intento, en suma, de teatro poético; o, mejor dicho, de poesía dramática. Pero… sin sombras. Contrastes de luz, sí; y hasta claro-oscuro; pero no sombras, aunque haya drama y drama intenso[23].

Hasta ahora, los Machado habían reconocido en el verso el cauce idóneo de la trama de sus obras. En *La duquesa de Benamejí* encontramos por primera vez este acoplamiento, igual que en *Don Álvaro o la fuerza del sino* y *Los amantes de Teruel*, ambas del Romanticismo español. Precisamente, en sus apreciaciones críticas, Bernardo G. Candamo repara en el parentesco con *Don Álvaro o la fuerza del sino* del duque de Rivas:

"La duquesa de Benamejí", poema romántico, aire fernandino; aristócratas, frailes, abates y bandidos, se presentó con todo el tono que requería un drama de pátina heroica, un poco duque de Rivas; pero muy Antonio y Manuel Machado[24].

Aunque escasamente abordado por la crítica, merece atención la forma de hablar de los personajes. Para los Machado, el camino hacia el drama lo marca la palabra en toda su diversa complejidad funcional, ya sea informativa, expresiva o poética. Por extensión, tipifican a los personajes. Parecen tener claro sacrificar la unidad de estilo a favor de la verosimilitud adaptando esta a la competencia lingüística de los actantes. De esta manera, distinguimos un nivel estándar en el parlamento de la duquesa Reyes, su abuelo el duque, el abate don Antonio, el magistrado don Tadeo, de acuerdo a su

---

[23] GONZÁLEZ OLMEDILLA, J., op. cit., p. 5.
[24] CANDAMO, Bernardo G. "Los hermanos Machado estrenan en el Español «Laduquesa de Benamejí»". En: *El Imparcial: diario liberal*, Año 67, n. 22365, 27 de marzo de 1932, p. 5.

posición social. Por su parte, Lorenzo Gallardo –de acuerdo a su formación seminarista– habla con educación tiñendo en ocasiones su discurso de gran cantidad de figuras retóricas (epíteto, metáfora, aliteración, hipérbole, anadiplosis…).

Todo lo contrario reconocemos entre los miembros de una clase social baja, con nula o escasa formación, en la que cristaliza rasgos de sociolectos como el de los criados. Sin querer alargar en demasía su análisis, saltan a la vista fenómenos como la pérdida de la oclusiva dental sonora –d– en posición intervocálica (*pasmao*, *crúo*, *secuestrao*, *aparreá*, *manchao*, *preocupao*, *sentío*, *dormío*…). Sobresale el seseo (*carse*, *hase*, *fasi*, *hasé*, *desirle*, *paese*), la sustitución de la consonante lateral /l/ por la vibrante /r/ (*ar pecho*, *sordaos*, *ar cuello*, *argo*, *en sarvo*), caída de consonantes en posición final de palabra (*entendé*, *verdá*, *usté*, *ujé*, *tené*, *entrá*, *a figurá*, *meté*, *caridá*, *preguntá*, *libertá*, *doló*, *su mercé*, *mujé*, *mentá*), jejeo o heheo (*jecho*). Aportan igual expresividad que comicidad la pérdida de sílabas de una palabra: *pa reflexioná*, *venío pa*, *pa desirle to*, *pa espantá las moscas*, *de mo es que*, *calás*, *quié pasá*, *tan apretás*.

Son frecuentes los vulgarismos: *bien se estaban*, *haiga* por haya, *dende* por donde, *naide* por nadie, *entoavía*, *afusilen*, *empingorotá*, *fascinerosos* (facinerosos), *viroletas* (violetas), *urnia* (por urna), *vido* (visto), *como se portais*. Igualmente, arcaísmos (*vuecencia* y junturas o palabras apostrofadas (*l'ayude*, *s'ha menesté*, *s'acabó*) que, en definitiva, mantiene fresca toda la vivacidad de la conversación espontánea.

Otro rasgo relacionado con el nivel sociolingüístico de los intérpretes es cuando, por ejemplo en José Miguel, notamos la tendencia a eliminar y unir palabras (*nostrama* por nuestra ama), o en la gitanilla Rocío la metátesis consonántica (*probe* por pobre).

Que los dramaturgos pusieron cuidado en las peculiaridades lingüísticas de los personajes lo confirma, entre otras, la escena entre Lorenzo y Cifuentes, no tanto por el tono reflexivo y sentencioso sino precisamente por el lenguaje que este último maneja al formularlo. Aun plagado de vulgarismos, Cifuentes filosofa cuando el espectador espera que sea el protagonista el centro de atención con sus súplicas o su resignación. Lorenzo solo lo hace cuando así se lo pide su compañero.

Aparte la entonación expresiva, los enunciados en suspenso, etc. están muy extendidas las reduplicaciones de voces. Muy habitual en el léxico coloquial es el empleo de palabras comodín como *cosa* que en la obra machadiana cuenta con un amplio reparto, además de otros *verba ómnibus* (*eso*)[25].

Los autores cuidan el detalle de la dificultad que para un francés (capitán Delume) puede tener la pronunciación de ciertas palabras como *pitoresca* incurriendo además en incorrecciones como *siguramente* o «me permite de acompañarlo».

En definitiva, el discurso de muchos personajes rebosa de signos dialectales, marca inequívoca de comicidad y también de verosimilitud en actantes poco formados pero cuya viveza en el habla y firmeza moral excluyen cualquier discusión.

En la esfera literaria, han sido muchos los escritores ilustres que han mencionado a Benamejí, bien como personajes o como referencia topográfica desde distintos géneros literarios: Vicente Espinel, Calderón de la Barca, José Selgas, Valle-Inclán, Juan Valera, Federico García Lorca, Rafael Alberti, Camilo José Cela… Entre todos ellos, sin duda Manuel y Antonio Machado ocupan un merecido puesto de honor.

---

[25] En Pedro Cifuentes la hallamos en cuatro ocasiones; dos en el capitán Delume, Lorenzo y reyes; y una en Bernardo, Rocío y Lara. En cuanto a la proforma *eso* es Pedro Cifuentes el que con diferencia más la utiliza, además de los hombres anónimos, Francisco José, Reyes, etc.

BIBLIOGRAFÍA

"Gacetillas". En: *Ahora: diario gráfico*, Año 3, n. 422, 21 de abril de 1932, p. 23.

"Sobre el escenario y entre bastidores". En: *Crónica*, Año 4, n. 125, 3 de abril de 1932, p. 7.

ALONSO, Dámaso. *Poetas españoles contemporáneos*. 3ª ed. Madrid: Gredos, 1988.

B. "Ayer inauguraron los teatros madrileños la temporada de primavera con el estreno de siete obras entre líricas y dramáticas". En: *Ahora: diario gráfico*, Año 3, n. 401, 27 de marzo de 1932, p. 17.

BAAMONDE, Miguel Ángel. *La vocación teatral de Antonio Machado*. Madrid: Gredos, 1976.

BALTANÁS, Enrique. *La obra común de los hermanos Machado*. Sevilla: Renacimiento, 2010.

CANDAMO, Bernardo G. "Los hermanos Machado estrenan en el Español «La duquesa de Benamejí»". En: *El Imparcial: diario liberal*, Año 67, n. 22365, 27 de marzo de 1932, p. 5.

CASTRO, Miguel de. "La semana teatral". En: *Las Provincias: diario de Valencia*, Año 67, n. 20429, 1 de abril de 1932, p. 14.

CISTUE DE CASTRO, Pablo. "Principal. *La duquesa de Benamejí*". En: *La Voz de Aragón: diario gráfico independiente*, Año 8, n. 2100, 19 de junio de 1932, p. 16.

CRUZ CASADO, Antonio. "De nobles y bandoleros: *La duquesa de Benamejí* (1932), de Manuel y Antonio Machado". En: *Actas de las primeras jornadas de la Real Academia de Córdoba en Benamejí*. Córdoba: Diputación, 1998, pp. 315-331.

DÍEZ-CANEDO, Enrique. "Español: 'La duquesa de Benamejí'. Comedia dramática de Antonio y Manuel Machado". En: *El Sol*, Año 16, n. 4564, 27 de marzo de 1932, p. 5.

ESPINA, Antonio. "*La duquesa de Benamejí*, de Manuel y Antonio Machado". En: *Luz: diario de la República*, Año 1, n. 70, 28 de marzo de 1932, p. 14.

FERNÁNDEZ ALMAGRO, Melchor. "Información teatral". En: *La Voz*, Año 13, n. 3510, 28 de marzo de 1932, p. 6.

FERNÁNDEZ-CORDERO Y AZORÍN, Concepción. "Intervención francesa en España en 1823. Los cien Mil de San Luis". En: *Boletín de la Biblioteca de Menéndez Pelayo*, Año 46, 1970, pp. 341-370.

GIBSON, Ian. *Ligero de Equipaje*. Madrid: Aguilar, 2006.

GONZÁLEZ OLMEDILLA, Juan. "Las novedades escénicas del Sábado de Gloria". En: *Heraldo de Madrid*, Año 42, n. 14401, 28 de marzo de 1932, p. 5.

GONZÁLEZ TROYANO, Alberto. "Tipologías populares andaluzas en el teatro de los hermanos Machado". En: *Antonio Machado hoy. Actas del Congreso Internacional conmemorativo del cincuentenario de la muerte de Antonio Machado*. Volumen II. Sevilla: Alfar, 1990, pp.105-108.

HOYOS Y VINENT, Antonio de. *Bestezuela de amor*. Barcelona: Ramón Sopena, s.f.

LÁZARO, Ángel. "*La duquesa de Benamejí*". En: *La Libertad*, Año 14, n. 3754, 27 de marzo de 1932, p. 5.

MACHADO, Manuel y Antonio. "Los autores pintados por sí mismos". En: *ABC*, Año 25, n. 8154, 14 de febrero de 1929, p. 10.

MACHADO, Manuel y Antonio. "Autocríticas. *La duquesa de Benamejí*". En: *ABC*, 26 de marzo de 1932.

MIQUI, Alejandro. "La semana teatral". En: *Nuevo Mundo*, Año 39, n. 1986, 1 de abril de 1932, p. 28.

MONDÉJAR, Juan. "El andalucismo ambiental y el andalucismo lingüístico en el teatro de los hermanos Machado". En: *Antonio Machado hoy: actas del Congreso Internacional conmemorativo del cincuentenario de la muerte de Antonio Machado*. Volumen II. Sevilla: Alfar, 1990, pp. 137-158.

MONLEÓN, José. *El teatro del 98 frente a la sociedad española*. Madrid: Cátedra, 1975.

REYES, Arturo. *El lagar de la Viñuela: novela andaluza*. Madrid: La España Editorial, 1897.

ROMERO FERRER, Alberto. *Los hermanos Machado y el teatro (1926-1932)*. Sevilla: Diputación, 1996.

SANMARTÍN, Rosa. *La labor dramática de Manuel y Antonio Machado*. Granada: Ediciones Mágina, 2010.

SANTOS TORRES, José. "Una historia del bandolerismo en la comarca de Osuna". En: *Archivo hispalense: revista histórica, literaria y artística.* 2ª época, Tomo 62, n. 190, 1979, pp. 147-164.

VILLA, Antonio de la. "Los teatros inauguraron con gran brillantez su segunda temporada". En: *La Libertad*, Año 14, n. 3751, 27 de marzo de 1932, p. 5.

LA DUQUESA DE BENAMEJÍ

Drama en tres actos, en prosa y en verso

PERSONAJES

REYES, DUQUESA DE BENAMEJÍ
ROCÍO, LA GITANILLA
BLANQUITA
ROSITA
LORENZO GALLARDO
CARLOS, MARQUÉS DE PEÑAFLORES
EL DUQUE DON FERNANDO
BERNARDO, PASTOR
DON ANTONIO, ABATE
DON TADEO, MAGISTRADO
M. MARCEL DELUME, OFICIAL FRANCÉS
EL PADRE FRANCISCO
PEDRO CIFUENTES
ESTEBAN LARA…
FRASCO JOSÉ…. } Bandidos de la partida de Lorenzo
LOBEZNO…….
PAQUIRÓN……
FABIÁN, MAYORDOMO
JOSÉ MIGUEL, CAPATAZ DEL CORTIJO
MANUEL GARCÍA

Bandidos, soldados, hombres y mujeres del pueblo

ACTO PRIMERO

Sala baja de un palacio campestre cerca de una serranía andaluza. Al fondo, puerta y amplios ventanales, por los cuales se ve un jardín, y, más lejano, un paisaje de olivares iluminados por la luna. Puertas a izquierda y derecha que comunican con el interior de la casa unas, y otras con las dependencias de la finca

ESCENA PRIMERA

Fabián, José Miguel[26]

(Mientras hablan van colocando las luces y atizando las velas y velones.)

JOSÉ MIGUEL.   Vaya, que siempre ha habido pobres y ricos, don Fabiancito.

FABIÁN.   Mucha verdad, José Miguel. Y…

JOSÉ MIGUEL.   Y se me hace a mí que su mercé, con esos candelabros de plata, está mirando con una miajita de desprecio mis velones. Pues ya sabe usté que son de los mejores de Lucena[27].

FABIÁN.   No hay duda; pero, con todo, bien se estaban

---

[26] Como en otras piezas dramáticas de los hermanos Machado, la obra comienza haciendo acto de presencia los mayordomos, criados… Por ejemplo, Gil Blas en *Desdichas de la fortuna o Julianillo Valcárcel*; el criado Pablo de *Las adelfas*; los caseros Paco y Mercedes de *La Lola se va a los puertos* y el criado Pedro en *El hombre que murió en la guerra*.

[27] En *Los complementarios*, de Abel Martín (en concreto, "Recuerdos de sueño, fiebre y duermevela"), Antonio Machado escribe: «¿Velones? En Lucena». Este objeto que compone el espacio escénico sirve como distintivo de la clase social de su propietario; como luego será el chocolate que a la duquesa le traen de América.

	allá en las habitaciones altas.
JOSÉ MIGUEL.	¿Y quién los mandó sacar?
FABIÁN.	La señora, mi señora, la señora duquesa.
JOSÉ MIGUEL.	Es persona de gusto nostrama[28].
FABIÁN.	Dice que esas luces pegan mejor con el sainete[29] de la fiesta de esta noche.
JOSÉ MIGUEL.	¿Sainete?
FABIÁN.	El cante y el baile de la gente menuda. Por cierto, que ya los tendrás prevenidos.
JOSÉ MIGUEL.	¿Eh?... ¡Sí! Listos están todos y deseando comenzar el fandango[30]. Pero, además, se le podría dar una buena sorpresa a la señora.
FABIÁN.	¡Eh!
JOSÉ MIGUEL.	Pues, ¡y tanto! Si yo alcanzara…
FABIÁN.	¿Qué?
JOSÉ MIGUEL.	Por más que es una fierecilla montaraz.
FABIÁN.	¿Pero, quién?
JOSÉ MIGUEL.	Rocío… Rocío la Gitana. Una flamenquilla que anda rondando por aquí hace ya días y hoy se ha arrojado a pedirnos posá para esta noche. Los mozos de acá, el aperador y el mulero, querían echarla… porque esta gente, la verdá que nunca viene a traer nada… Pero yo pensé: en la fiesta de esta noche puede que no haga mal papel la gitanilla. Ella, dicen que canta y baila como los ángeles. De mo es que…
FABIÁN.	Se lo diré a mi señora.
JOSÉ MIGUEL.	Es quitarle la mitá e la gracia. Vamos a dejarlo en sorpresa. Nuestra ama es amiga de esas alegrías…

---

[28] *nostrama*: nuestra ama.

[29] *sainete*: pieza dramática en un acto, de carácter popular y burlesco, que se representaba como intermedio o al final de una función.

[30] *fandango*: aquí con el sentido de bullicio, jarana.

FABIÁN.	Amiga de novedades. ¡Si el señor duque hubiera vivido!
JOSÉ MIGUEL.	¡Bah! Para el tiempo que estuvieron casados…
FABIÁN.	Bueno; pero tú me respondes de que[31] esa muchacha…
JOSÉ MIGUEL.	Por las buenas, un cordero, don Fabiancito. Como todo el mundo. La gente lo que está es falta e cariño.

ESCENA II

Dichos. Bernardo

BERNARDO.	¡La paz de Dios! *(Dando un ramo de violetas a José Miguel.)* Para la señora este ramo de viroletas. Muy poco valen; pero no todos suben a donde se crían.
JOSÉ MIGUEL.	Muy alegre vienes.
BERNARDO.	La alegría la da Dios de balde[32]. El vino, ya es otra cosa. ¿No hay un traguillo para el viejo pastor?
FABIÁN.	Sí, Bernardo, toma. *(Dándole vino.)* Y cuéntanos de la sierra. ¿No eres tú su gaceta?
BERNARDO.	Las gacetas mienten, y yo solo hablo de lo que he visto.
JOSÉ MIGUEL.	Ahórranos historias de lagartijas y gatos monteses.
FABIÁN.	¿Qué has visto hoy, Bernardo?
BERNARDO.	A él, en persona.

---

[31] dequeísmo: uso incorrecto de la preposición *de* entre el verbo y la conjunción *que*.
[32] *de balde*: gratis.

JOSÉ MIGUEL.	¿A él? ¿Y quién es él?
BERNARDO.	Ningún señor de esta tierra.
FABIÁN.	¿San Tesifón[33], como la otra tarde?
BERNARDO.	El que me dio esta onza de oro no fue ningún santo. Un santo no puede dar lo que no tiene. Fue un real mozo, el mismo rey de la sierra: Lorenzo Gallardo.
JOSÉ MIGUEL.	¿Y hacia dónde iba?
BERNARDO.	Él lo sabrá. Yo no me atreví a preguntárselo.
FABIÁN.	¿Y cómo supiste que era él?
BERNARDO.	Porque eso se ve. Además él mismo me lo dijo: soy Lorenzo Gallardo, el bandido.
FABIÁN.	Y tú…
BERNARDO.	Por muchos años, le contesté. ¿Qué iba a decirle? Él me mandó que sujetara al mastín, que se le había encarado.
JOSÉ MIGUEL.	¿Venía a caballo?
BERNARDO.	¡Claro! En una jaca negra. Serían poco más de las dos de la tarde.
JOSÉ MIGUEL.	Pero, ¿habló contigo?
BERNARDO.	Ya lo he dicho. Me preguntó quién era y a quién servía. Soy Bernardo –le contesté–, hijo de Antón el Rojo, nacido en Belerda, a la bajada de Tíscar[34]; sirvo a los ángeles. – Pobres amos tienes. –Más de lo que gano me pagan, porque ya soy viejo. –Pues toma para que no me olvides, y me encomiendes a tu Virgen[35], si vuelves a Tíscar–. Yo me quedé

---

[33] *San Tesifón*: identificado como uno de los varones apostólicos que la Iglesia española vincula con la evangelización legendaria de la península en el siglo I.

[34] Belerda es una pedanía de la localidad de Quesada, mientras que Tíscar es una aldea anexa al mismo municipio de la provincia de Jaén.

[35] Alude a la Virgen situada en la Cueva del Agua o de las Maravillas en la que se, según la leyenda, en 1319 se apareció la Virgen al jefe moro Mohammed Andón. Aquella le rogó que rindiera la plaza y se convirtiera al cristianismo pero Mohammed ordenó que arrojaran la imagen desde las almenas, volviendo esta una y otra vez a su lugar.

pasmao al ver la onza de oro, que me pareció talmente[36] como si hubiera nube, y relampaguease la mano de Lorenzo. –Ya sé que los ángeles no te darán muchas peluconas[37]; en el cielo no se acuña moneda; solo San Pedro tiene alguna calderilla. Guarda eso, porque yo te lo doy–. Acepté por la buena gracia. Él metió espuela a su caballo, y pronto lo perdí de vista. ¡Qué real mozo! ¡Y que a este hombre lo quieran tan mal los carabineros!

ESCENA III

Dichos. Reyes, don Antonio (abate), el duque

DUQUE.	La fe es todo, querido abate; sin fe no hay pueblo, ni hay señores, ni hay nada.
DON ANTONIO.	¿Piensa usted?
DUQUE.	Creo, afirmo. La España temerosa de Dios fue grande en tierra y mar, respetada y temida.
REYES.	Lo fue cuando Dios quiso, abuelo.
DUQUE.	Y volverá a serlo, porque Dios lo quiere. Ya nuestro rey Fernando puede llamarse rey.
REYES.	Gracias al duque de Angulema[38].

---

[36] *talmente*: así, de tal manera.

[37] *pelucona*: forma coloquial para aludir a una onza de oro, especialmente cualquiera de las acuñadas con el busto de uno de los reyes de la Casa de Borbón hasta Carlos I inclusive.

[38] Luis Antonio de Borbón, duque de Angulema, también conocido como *Luis XIX de Francia* (1775-1844) fue hijo primogénito de Carlos X y María Teresa de Saboya. Era primo de Fernando VII, encabezó la expedición francesa conocida como los Cien Mil Hijos de San Luis, con la misión de ayudar a Fernando VII a restablecer la monarquía absoluta. Las referencias en obras literarias al duque de Angulema se dan en títulos como *Fortunata y Jacinta* de Pérez Galdós, *El conde de Baselga* de Blasco Ibáñez o *Memorias de un hombre de*

DUQUE.	Y a los soldados de la Fe, niña, y a los buenos patriotas[39], que van limpiando de mala semilla nuestra tierra. Por suerte nuestro amado monarca ya tiene quien le ayude y vele por él. Mal año para la España libertina. Masones, comuneros, carbonarios[40], ¡ya os llegó vuestro San Martín! ¡Constitucionalistas! Solo la palabra me hace reír[41]. En cuanto al duque de Angulema, bien hará en marcharse, si es que ya no se ha ido.
DON ANTONIO.	Así paga el diablo a quien le sirve. Ya va camino de Francia, según dicen, pero queda Bourmont: el rey Luis[42] nos deja la espada y se lleva la vaina[43].
DUQUE.	Por corto tiempo, abate, gracias a Dios. Porque tampoco quiero demasiados franceses en España, aunque sean amigos. Y así se llevarán todo lo que nos han traído. ¿O piensa usted que habría masones en España

---

acción de Pío Baroja. Aunque, sin duda, la más emblemática es *Los Cien Mil Hijos de San Luis*, incluido en la segunda serie de los *Episodios Nacionales* de Benito Pérez Galdós, amén de otras referencias como en *Mendizábal, Luchana*, etc.

[39] La contrarrevolución que enfrentó a los liberales estuvo capitaneada por gente del pueblo, artesano o campesino cuyas partidas serán conocidas como «ejércitos de la fe».

[40] Sociedades secretas de la primera mitad del siglo XIX.

[41] En 1820 el liberalismo ocupa el poder. En cambio, las fuerzas tradicionales seguían activas. Los liberales se identificaban con el grito de «Constitución o muerte» en defensa de la Constitución de 1812, y los realistas al de «Dios, patria y rey». Cuando Fernando VII regresa de Valençay restaura el absolutismo aplicando entonces una política de represalia contra liberales y afrancesados. Véase FERNÁNDEZ-CORDERO Y AZORÍN, Concepción. "Intervención francesa en España en 1823. Los Cien Mil de San Luis". En: *Boletín de la Biblioteca de Menéndez Pelayo*, Año 46, 1970, pp. 341-370. Por otra parte, Ian Gibson se percató de la referencia a la nueva Constitución aprobada el 9 de diciembre de 1931 y una crítica velada. Vid. GIBSON, Ian. *Ligero de equipaje*. Madrid: Aguilar, 2006, p. 488.

[42] Louis-Auguste-Victor, conde de Ghaisnes de Bourmont (1773-1846) fue un general, diplomático y estadista francés. Mariscal de Francia en 1830, el rey Luis XVII le otorgó el mando en la expedición española de 1823.

[43] Forma coloquial para decir que abandona el lugar dejando en él un problema.

	si antes no hubiera franceses; y jansenistas en nuestras universidades, y abates volterianos como usted, y tantos españoles que han perdido el juicio y tendrán que recobrarlo a fuerza de palos?
DON ANTONIO.	¿Qué piensa usted, duquesa?
REYES.	No me apasiona el tema. Sospecho que hay mucho pillo entre los blancos y entre los negros. Y pocos hombres, abate. ¡Hola, Bernardo!
BERNARDO.	Mi señora manda. *(Dándole un ramo de violetas.)* Estas viroletas le traigo de la sierra; y perdone la poquedad.
REYES.	*(Cogiendo el ramo.)* ¡Ah, qué bien huelen! Gracias, Bernardo. Tú nunca me olvidas.
BERNARDO.	En una urnia pondría yo a mi señora duquesa.
REYES.	Eres bueno, Bernardo.
BERNARDO.	A Dios gracias tengo muy sano el corazón. Dios y mis amos.
DON ANTONIO.	La España neta[44], duquesa, se refugia en la sierra.
REYES.	¿Qué piensas tú, Bernardo?
BERNARDO.	En la sierra hay bueno y malo, como en todas partes.
DON ANTONIO.	Bien dices: sencillos pastores como tú, y bandoleros como Lorenzo Gallardo. La Arcadia española no es precisamente la de Sannázaro[45], duquesa.
REYES.	Lorenzo Gallardo... Lorenzo Gallardo...

---

[44] *neta*: pura, limpia.

[45] *La Arcadia* es una novela pastoril renacentista (1504), cuyo autor Jacopo Sannazaro narra la vida del joven Sincero quien marcha al Peloponeso (Arcadia) dolido por un desengaño amoroso. Allí encuentra la paz y serenidad que necesita para reponerse, entre la vida agreste de los pastores de la región. Por extensión, pues, la Arcadia es un lugar utópico e idílico.

	¿Es que realmente se llama así?
DON ANTONIO.	Sin duda.
REYES.	¡Qué impertinencia! ¿Le parece a usted bien, abate, que se llame Gallardo un ladrón de caminos?[46]
DON ANTONIO.	No es culpa suya, duquesa. Gallardo es el apellido de su familia, honrados y humildes labradores de Quesada, de quienes, gracias a Lorenzo, sabemos hoy algo[47]. Y ocurre que Lorenzo honra su apellido por su buena facha[48].
REYES.	¿Usted lo ha visto?
DON ANTONIO.	Yo no. Pero espero conocerlo, si el buen marqués de Peñaflores nos cumple su promesa. Dicen que le va a los alcances y que pronto nos lo traerá encadenado.
REYES.	¡Bah! Mi primo Carlos promete mucho. Veremos si cumple.
DON ANTONIO.	Eso depende de usted, duquesa.
REYES.	¿De mí?
DON ANTONIO.	Sí. ¿Qué no hará don Carlos por complacerla?
REYES.	¿Qué te parece a ti, Bernardo, de ese Lorenzo Gallardo?
BERNARDO.	Que es un real mozo. A cada cual lo suyo.
REYES.	¿Es que lo has visto?
BERNARDO.	Con estos ojos. Dicen que roba en los

---

[46] Los dramaturgos juegan con el significado del sustantivo *gallardo* (apuesto, valiente) con la condición de saqueador de ricos de Lorenzo.

[47] Uno de los bandoleros más populares de Benamejí fue "el Chato". En una novela hemos hallado esta alusión que casa bien con la idea destacada por los Machado: los egregios habitantes dan lustre al lugar en el que viven: «destacábanse dorados racimos de uvas refrescadas en el pozo, y junto a una enorme sandía de Adra algunos melones de los que, además del Chato, han hecho célebre á Benamejí». REYES, Arturo. *El lagar de la Viñuela: novela andaluza*. Madrid: La España Editorial, 1897, p. 242.

[48] *facha*: figura, aspecto.

	caminos. Puede ser. Pero también puede ser que eso digan porque lo quieran mal. Solo sé que da dinero a los pobres.
DON ANTONIO.	¿Y de dónde saca ese dinero?
BERNARDO.	De las arcas de algún rey moro.
REYES.	¿Piensas tú que hay reyes moros en la sierra?
BERNARDO.	Para mí que alguno debe quedar.

ESCENA IV

Dichos. Don Tadeo, Rosita, Blanquita, monsieur *Delume, el padre Francisco*

DON TADEO.	*(Desde la puerta, al frente del grupo de visitantes.)* ¿Da licencia la señora duquesa?
REYES.	Adelante, mi señor don Tadeo. Y esos pimpollos, Rosita, Blanquita[49]. Señor capitán. ¡Ah, padre Francisco!...
DUQUE.	Sean bienvenidos.
P. FRANCISCO.	Bendiga Dios esta santa casa…
M. DELUME.	Delicioso jardín, señora. Y ¡qué noche! La noche propia de tal jardín… ¡Salud al hada del jardín y la noche!
REYES.	Qué fantasía, capitán Delume…
M. DELUME.	¡Imposible! La realidad supera aquí toda imaginación. Mis respetos, señor duque. ¡Ah, querido abate!...
DON ANTONIO.	Presa del encanto andaluz, ¿no?
M. DELUME.	Perfectamente.
DON ANTONIO.	Me lo explico. ¿Qué ejército no se rinde

---

[49] Incorporando el diminutivo, estos dos antropónimos aluden a su juventud como a su ingenuidad.

	flanqueado por... *(Señalando a las dos jóvenes, que están cada una a un lado del capitán Delume.)*
ROSITA.	*(Interrumpiéndole.)* El señor capitán Delume es invencible...
BLANQUITA.	El señor capitán es invencible...[50]
DON ANTONIO.	¡Hum!... Pero en todo caso, amiguitas, importa saber que en amor la victoria no es del número.
ROSITA.	*(A Blanquita.)* ¿Lo ves?
BLANQUITA.	*(A Rosita.)* ¿Lo ves?
M. DELUME.	¡Amor!... ¡El amor y la muerte!
REYES.	¿Qué está usted diciendo?...
M. DELUME.	Lo español... Esa complicación magnífica de las dos grandes cosas, ¡tan española!...[51]
REYES.	*(Al abate.)* Desengáñelo usted, amigo don Antonio. Dígale que esos amores no se ven aquí ya más que en los romances viejos...[52]
DON ANTONIO.	No haré tal, mi adorable señora y dueña.
REYES.	Pero...
DON ANTONIO.	Porque España es todavía eso que dice el capitán Delume: la tierra de los grandes amores trágicos.
M. DELUME.	¡Bravo!
DON ANTONIO.	Y, si no... ¡Blanquita!
BLANQUITA.	Don Antonio...
DON ANTONIO.	¿Qué haría usted con una amante infiel?
P. FRANCISCO.	*(Severamente.)* ¡Señor abate!...
DON ANTONIO.	Pongamos un novio, un prometido que la abandonara por otros amores.

---

[50] No será esta la primera y última vez que ambos personajes femeninos repitan lo mismo en sus elocuciones.

[51] Estas palabras de Marcel Delume adquirirán todo su sentido en el desenlace del drama.

[52] Por la resolución del conflicto, resulta curioso que sea precisamente la duquesa quien contradiga que amor y muerte solo sea un fenómeno puramente literario.

BLANQUITA.	¡Ay!..., no sé… Viéndolo con otra, creo que me moriría de pena.
DON ANTONIO.	¿Y usted, Rosita?
ROSITA.	Yo lo mataría.
M. DELUME.	¡Magnífico!
DUQUE.	*(A don Tadeo, siguiendo la conversación que, en grupo aparte, tiene con él y con el fraile.)* ¡No! No tenga usted el menor cuidado. El pueblo está lleno de tropas nacionales y francesas… Y esos lobos de monte no entran, además, en poblado, como no les acose el hambre.
DON TADEO.	Pero…, los caminos.
DUQUE.	¡Ah!... Pero…, ¡en fin!, hacia el lado del pueblo donde usted vive no hay peligro ninguno.
DON TADEO.	He sido amenazado, señor duque, amenazado directamente. Como tuve parte en el proceso y sentencia de los Niños de Écija[53], el pasado año…
P. FRANCISCO.	¡Ah, mi señor don Tadeo, terrible juez, severo magistrado!...
DON TADEO.	De sobra sabe vuestra paternidad que los muchachos fueron juzgados en rebeldía, y que no tuve yo la culpa de la muerte de Pedro Gómez, su capitán, que Dios haya perdonado.
P. FRANCISCO.	Amén.
DON TADEO.	Y que, además, con el gobierno de los malditos liberales, nos veíamos obligados a

---

[53] Los siete niños de Écija fue una cuadrilla de bandoleros españoles, activa en las proximidades de Écija (Sevilla) entre 1814 y 1818, surgida en 1808 para luchar contra el ejército de Napoleón. Mediante un edicto, en julio de 1817 se inició una campaña contra ellos.

	mostrar un celo…
P. FRANCISCO.	*(Interrumpiendo inflexible.)* Digno de mejor causa, mi señor don Tadeo.
DON TADEO.	Ahora…, en cambio…
REYES.	*(Interviniendo voluntariosa y despectiva.)* Ahora, en cambio, dejarán ustedes que los bandidos infesten el país, que salgan a los caminos, que entren en las fincas, que roben a su antojo, que nos impongan contribuciones… Por suerte, acaso consentirán ustedes también que nos defendamos, y nos tomemos la justicia por nuestra mano. Porque yo le aseguro a su reverencia que como alguno caiga por aquí…
BLANQUITA.	¡Ay, no lo quiera Dios! *(Muy asustada.)*
P. FRANCISCO.	*(Con sorna.)* ¿Por qué?
ROSITA.	*(También asustada.)* ¡Jesús, qué miedo!
P. FRANCISCO.	¡Qué sabes tú, tontilla!
M. DELUME.	Pero es inconcebible que la tropa y las autoridades no hayan acabado con esa plaga… muy pintoresca, sin duda, pero detestable.
P. FRANCISCO.	*(Avinagrado y provocativo.)* Y ¿cree usted, señor francés, que si los hubieran tenido enfrente habrían ustedes paseado España a tan poca costa? Pues sepa usted que muchos de ellos, Esteban Lara, Cristóbal Moreno, sin ir más lejos, entre los Niños de Écija, han sido admirables soldados de la Fe[54].
M. DELUME.	Al diablo vuestros soldados de la Fe. Más nos han dado que hacer que todo el pobre

---

[54] Al mando del duque de Angulema, la llegada a España del contingente de los Cien mil hijos de San Luis para restaurar el absolutismo de Fernando VII se produjo en abril de 1823.

	ejército liberal enfrente. ¡Gavilla[55] de asesinos, bestias feroces y sanguinarias, sin el menor sentimiento humano!
P. FRANCISCO.	¡Señor capitán!
M. DELUME.	Si las cosas se hicieran dos veces, ¡ninguno de nosotros volvería a España a pelear por ellos!
P. FRANCISCO.	*(Furioso.)* ¡Señor capitán! (Maldito gabacho[56].) Si usted reniega de la santa causa que…
DON ANTONIO.	*(Interviniendo rápido y conciliador.)* ¡Eh! ¡Haya paz entre los príncipes cristianos! ¡Sosiéguese el padre Francisco!... ¡Ya, ya se persiguen aquí a esos salteadores, *monsieur* Delume!... Por nada del mundo quisiera yo estar ahora en el pellejo de Lorenzo Gallardo, el famoso rey de la sierra, a quien tienen cercado en esos montes próximos las gentes de nuestro amigo el marqués de Peñaflores.
REYES.	Y lograrán cogerlo ¿verdad?
DON ANTONIO.	Vivo, no lo creo.
REYES.	¿Tan valiente es?
DON ANTONIO.	Temerario. Con quince o veinte hombres de su temple, fieles como perros a su mandato, tiene en jaque hace un mes a toda la compañía de nuestro valiente Nemrod[57], cazador y voluntario, ¿verdad, duquesa?, de este linaje de fieras y… mis palabras no le

---

[55] *gavilla*: conjunto de varias personas.

[56] *gabacho*: natural de algún pueblo de las faldas de los Pirineos. Alusión despectiva hacia los franceses.

[57] Este personaje bíblico que aparece en el *Génesis*, presentado como un poderoso cazador, aparece en la obra dramática de los Machado *Juan de Mañara* (Acto primero, Escena III). En su obra *El bandolero*, Tirso de Molina utiliza esta imagen: «Ésta, pues, que en sus delirios / dio a Nembrot famosa infamia, / monarca a Mesopotamia, / metrópoli a los asirios».

	ofendan…, casi tan fiera como ellas.
REYES.	Luego, el pueblo que los oculta y los protege.
M. DELUME.	Imposible.
REYES.	Por miedo.
DON ANTONIO.	No siempre por miedo, encantadora amiga. La fantasía popular simpatiza con la bárbara heroicidad de esos descabezados, que, a riesgo de mil peligros y persecuciones, jugándose la vida a cada paso, se han sustraído a la servidumbre de la labor campesina, que agobia a los otros. Valientes y osados, azote de los poderosos y constante pesadilla de la justicia, de la que el pueblo no tiene la más alta idea, con perdón del señor don Tadeo…[58]
DON TADEO.	¿Los defiende usted?
DON ANTONIO.	Los explico, nada más. Ellos son, en cambio, generosos con el pobre, que encuentra en su esplendidez una inmediata y palpable Providencia. Pero…, en fin, estamos asustando a estas niñas. ¡Mire usted qué caras! ¡Y aun parece que el propio don Tadeo…!
REYES.	Cierto, querido abate… No se hable más de ello… ¡Fabián! *(Llamando al criado.)*
FABIÁN.	Señora duquesa.
REYES.	Haz servir el refresco y que lleguen los músicos. *(Sale Fabián, que vuelve a entrar en seguida con los criados y músicos.)*

---

[58] La actitud romántica de Lorenzo que iremos viendo se complementa con una lectura regeneracionista de crítica social. ROMERO FERRER, A., op. cit., p. 275.

ESCENA V

Dichos. Los criados, que entran con bandejas y botellas. Los músicos, que se quedan a un lado esperando la señal de empezar

REYES.   *(Sirviendo ella misma al fraile.)* Usted, padre Francisco, su chocolate. A pesar de la separación, a mí me lo traen de Ultramar.

P. FRANCISCO.   *(Sentado a una mesilla, ante su chocolate.)* ¡Dios se lo pague a mi más linda penitente y señora. Y se lo demande a aquellos ingratos, herejes, francmasones, que se rebelaron contra su rey y señor natural! *(Tomándose una enorme sopa de chocolate.)* ¡Es de primera! *(Los músicos, a una señal de la duquesa, atacan un minué[59], que bailan la duquesa y Delume, Blanquita y don Tadeo, Rosita y el abate.)*

DUQUE.   Jugaremos los dos nuestra partida de naipes, mientras la juventud se divierte con la música.

REYES.   *(Hablando mientras bailan.)* Bien baila el capitán Delume.

DON ANTONIO.   Le da el acento francés a un baile que es francés.

M. DELUME.   No hago sino poner rendido el pensamiento, como se dice, a vuestros pies. Pero esa majestad magnífica de diosa, que con la ingravidez de un pétalo de rosa lográis, señora mía, unir…

BLANQUITA.   ¡Capitán!

---

[59] *minué*: baile francés para dos personas que ejecutan diversas figuras y mudanzas.

M. Delume.	Vuestra mano, Blanquita. ¡Primorosa! *(A la duquesa siguiendo el concepto anterior.)* Es del todo imposible de decir.
Blanquita.	¡Bravo!
Don Antonio.	Bien bailado y bien dicho.
Reyes.	Madrigal[60] y danza salieron a pedir de boca.
Rosita.	¿Un vaso de limonada, capitán?
Blanquita.	¿Un poquito de aloja[61]?
Reyes.	Lindas camaristas[62] me han salido. *(A Fabián.)* Servid vosotros. *(Dos criados reparten copas y vasos de vino y refrescos.)* Ahora… En honor de nuestro huésped… *(Llamando al capataz, que acude solícito.)* ¡José Miguel!
José Miguel.	Señora…
Reyes.	¿Tienes lista a tu gente?
José Miguel.	Dispuesta…, a todo, señora duquesa. Ucencia mande, y…
Reyes.	Para el baile, digo.
José Miguel.	En el cuerpo les retoza dende que empezaron a oír música. Pero lo de ellos…, ya sabe la señora duquesa…, su guitarrilla, sus castañuelas…
M. Delume.	¡Oh, admirable, delicioso!
Reyes.	*(A José Miguel.)* Sí, hombre, sí; que canten y que bailen a su modo, eso es lo que se quiere.
José Miguel.	Pos si se quiere eso… *(Dirigiéndose al grupo de las mozas y mozos, en el que han empezado ya a sonar algunos rasgueos de*

---

[60] *madrigal*: pieza polifónica con texto en italiano y generalmente de tema amoroso, surgido en las primeras décadas del siglo XVI.
[61] *aloja*: bebida compuesta de agua, miel y especias.
[62] *camarista*: persona encargada de limpiar habitaciones, pasillos y áreas de descanso de un hotel.

	guitarra y repiqueteo de palillos.) Vengan unas seguidillas manchegas…[63] Y ¡a ver cómo se portáis, muchachos! *(Las mozas y mozos tocan guitarra y palillos y bailan y cantan.)*
(Cantando.)	Llevo conmigo, niña,
	llevo conmigo
	más penas que aceitunas
	muele un molino.
	Baila, morena,
	que bailando se muelen
	también las penas.
M. DELUME.	*(Entusiasmado.)* ¡Oh, bravo, bravo! ¡Viva la España pitoresca![64]
ROCÍO.	¡Viva el señor extranjero!
(Cantando.)	Tengo una capa, niña,
	verde y de plata,
	como campo de olivos
	con luna clara.
	Como alamares
	relucen con la luna
	los olivares[65].
M. DELUME.	¡Oh, bravo, bravo!
REYES.	Ven acá, Rocío, que te vea el señor capitán.
ROCÍO.	Tanta grandeza me da bochorno. *(Con*

---

[63] *seguidilla manchega*: música, canción y baile popular de La Mancha, surgida en el siglo XV. De ritmo vivo y alegre, cada copla puede estar compuesta de cuatro o siete versos. Los temas son muy variados: el amor, el matrimonio, el ritual de la boda como también los celos, desengaños, exaltación de la belleza, etc.

[64] Para dar mayor verosimilitud lingüística, los autores han incorporado un vulgarismo al habla culta, refinada y seductora del oficial francés como sucederá con *siguramente*. Lo mismo ocurrirá más adelante con esta otra expresión: «¿Y a mí, señor marqués, me permite *de* acompañarlo?» (Escena VI).

[65] En ambas composiciones líricas los autores recurren a la seguidilla, copla compuesta de siete versos que se dan en la obra poética de Manuel como de Antonio Machado ("Canción de mozas" de este último). La seguidilla fue utilizada mucho en los entremeses teatrales siendo a principios del siglo XVII aunque fue en el siglo siguiente cuando alcanzó mayor popularidad.

	fingido rubor.) ¿Se la digo?
REYES.	A mí, Rocío; a mí. Esta es mi mano.
DON ANTONIO.	Se encuentra usted, capitán, en plena España de Van Huber.
M. DELUME.	¡Oh, siguramente!...
ROCÍO.	Manita tienes de reina, rosa de pitiminí[66]. ¿Quieres saber quién te quiere?
REYES.	Sí.
ROCÍO.	Por esta rayita, un príncipe francés; por esta, un sabio, Salomón[67] no es, por esta, un marqués.
REYES.	¡Hola! ¿Y a quién quiero yo, Rocío?
ROCÍO.	Por esta rayita, a ninguno de los tres.
M. DELUME.	¡Oh, bravo, bravo!
ROCÍO.	Pero un día ha de venir quien te haga penar, quien te haga sufrir, de la tierra o de la mar, reina de Benamejí[68].
REYES.	¿Será verdad eso, Rocío?
ROCÍO.	Tan verdad. Y más no quieras saber, emperadora de Andalucía.
REYES.	¡Oh, no, Rocío; dímelo todo!
P. FRANCISCO.	¡Oh, basta, basta! Ya te ha oído el señor capitán. Supersticiones enemigas de nuestra santa religión. Bastante, en efecto, y aun sobrado.
ROCÍO.	No se enfade conmigo su Reverencia, que

---

[66] *rosal de pitiminí*: rosal de tallos trepadores, que echa muchas rosas muy pequeñas.

[67] Hijo de David, rey de Israel, se le atribuye parte del libro de los *Proverbios*, breves declaraciones sobre cómo vivir una vida piadosa. Los dramaturgos sevillanos aluden a Salomón en dos ocasiones en *La Lola se va a los puertos* (Acto primero, Escena III; Acto III, Escena V).

[68] Esta prolepsis sirve de premonición trágica. Fijémonos como, incluso en un ambiente distendido de diversión, el conflicto permanece latente en todo momento.

	tan buena cristiana soy como quien más. *(Se oyen tiros.)*[69]
DON ANTONIO.	¿Qué es eso?
DON TADEO.	Tiros, cerca de la casa. *(Atemorizado.)*
JOSÉ MIGUEL.	Hacia el camino real. Pero no tema vuecencia que hay mucha gente prevenida en la casa… Asómate, Bernardo, y dinos si algo ves. *(Sale Bernardo.)*
ROSITA.	¡Señor capitán! *(Cogiéndose a un brazo del capitán.)*
BLANQUITA.	¡Señor capitán! *(Cogiéndose al otro brazo.)* *(Se oyen nuevamente tiros, pero más lejos.)*
DON TADEO.	¡Válgame Dios! *(Tratando de disimular el miedo.)*
JOSÉ MIGUEL.	Tranquilícese. No hay peligro. Si son salteadores, como sospecho, habrán encontrado las tropas del marqués.
DON TADEO.	¡Hágalo Dios! *(Tranquilizándose un poco.)*
JOSÉ MIGUEL.	Calma, calma. El tiroteo se aleja. Huyen hacia la sierra.
DON TADEO.	No, no. Viene gente. *(Aterrorizado.)*
BLANQUITA.	¡Dios mío!
ROSITA.	¡Capitán! ¡Capitán!
JOSÉ MIGUEL.	Serán los soldados del señor marqués.
M. DELUME.	Era, sin duda, el fin de la batalla…
DON ANTONIO.	Vea usted, capitán, cómo Van Huber no nos calumnia.
M. DELUME.	¡Oh, siguramente! ¡Pitoresco admirable!

---

[69] Los autores rompen el ritmo causando verdadera sorpresa teniendo la habilidad de vincular dos escenas llenas de simbolismo: por un lado, el presagio ya aludido y, por otro, el motivo del mismo; además, en el mismo personaje: Rocío.

ESCENA VI

Dichos. Carlos, seguido de soldados que se quedan en la puerta

CARLOS.   Quedaos ahí fuera... Y ya sabéis... Prima, señores..., perdón. Acabo de tener un encuentro con la partida de Lorenzo Gallardo.

DON TADEO.   ¿Esos tiros?...

CARLOS.   Se han cambiado entre ellos y nosotros.

ROSITA.   ¡Qué horror!

REYES.   Y lo habéis preso, ¿verdad?

CARLOS.   Mala suerte. Ese hombre parece brujo.

REYES.   Pero...

CARLOS.   En lo más caliente de la pelea hizo dar un bote tremendo a su caballo, derribó a dos de mis hombres y desapareció en una cortadura de la sierra, negra como boca de lobo.

REYES.   Y lo dejasteis escapar así... Pues...

DUQUE.   ¡Pobre Carlos!

CARLOS.   Espera, mujer. Mira cómo vengo. Mientras el grueso de la partida aprovechaba el momento de confusión para dispersarse por otras quiebras del monte, yo mandé en su persecución parte de mi gente, y yo, con unos pocos, los mejores, emprendimos la bajada del tajo, a riesgo de rompernos mil veces la cabeza; y cayendo aquí, levantándonos allá, alumbrándonos con los matojos que incendiábamos, dimos una batida a aquella sima endiablada[70].

---

[70] Hacemos notar cómo el paisaje es descrito como verdadero fortín de los forajidos.

REYES.	Y, en fin…
CARLOS.	Ni rastro del bandido. Se lo había tragado la noche, se lo había tragado la tierra[71].
ROCÍO.	*(Que ha estado muy atenta a la relación del marqués, y ahogando un grito.)* ¡Ah!
BERNARDO.	¿Qué te pasa, chiquilla?
ROCÍO.	*(Disimulando su interés por Lorenzo Gallardo.)* Nada, tío Bernardo…, escuche usted al señor militar.
REYES.	Pronto te das tú por vencido, primito.
CARLOS.	Vencido… ¡no!... Yo he derrotado a la partida, la he batido, la he dispersado. En cuanto a su capitán, si permanece oculto en el barranco, seguro lo tenemos. Si intenta salir al otro lado se encontrará con las dos secciones de mi compañía que allí tengo al mando del teniente Egaña, un viejo guerrillero que ya sabrá…
REYES.	No sabrá nada, ni tú tampoco sabes nada, ni has conseguido nada. Os engañó Gallardo miserablemente. Fingiendo huir se ha salvado y ha salvado a los suyos. Para eso lo ha hecho no más. Seguro que a estas horas se ríen juntos de vosotros. Mientras tú has venido aquí. *(Rocío, la Gitana va a escapar, y José Miguel la detiene de un brazo.)*
JOSÉ MIGUEL.	¿Dónde vas, loca?
ROCÍO.	*(Soltándose con violencia y escapando.)* Dejadme… *(José Miguel sale tras ella.)*
DUQUE.	Pobre Carlos. Nadie te ofrece una copa de vino, un vaso de refresco.

---

[71] Estas alusiones simultáneas al tiempo y al lugar, en estructura anafórica y paralelística, dotan a Gallardo de un halo espectral casi inasible que engrandece al héroe.

CARLOS.	Gracias, tío... Perdona, Reyes. He venido para darte cuenta de lo que ha pasado. A tranquilizarte, suponiendo que habríais oído los tiros. Todo ello fue a menos de un cuarto de legua de aquí. Habéis podido temer un peligro.
DON TADEO.	Sí, sí, marqués; muchas gracias.
CARLOS.	Ya no lo hay, por fortuna... Y, además, tienes razón: he venido por verte. Estar tan cerca de ti y no... Pero ya me voy. Vuelvo a reconocer el campo. Hemos tenido bajas, ellos también, seguramente... Además, quiero reforzar mis centinelas y...
P. FRANCISCO.	¿No sería mejor, señor marqués, descansar hoy un poco y seguir mañana la batida?
CARLOS.	¡Ah, padre Francisco! *(Reparando en él.)* Perdóneme su Reverencia. Venía ciego. Y ustedes, señoritas, don Tadeo...
ROSITA.	El marqués. ¡Qué valiente!
BLANQUITA.	¡Y qué guapo!
REYES.	El capitán M. Delume, nuestro huésped francés. *(Presentándole a Peñaflores.)* Mi primo, el capitán marqués de Peñaflores.
M. DELUME.	Encantado. Nos ha hecho usted ver que estábamos bailando sobre un volcán.
ROSITA.	¡Ay, sí; qué espanto! ¡Vámonos, papá! ¡Vámonos a casa!
BLANQUITA.	Sí, ¡vámonos!
CARLOS.	Ahora pueden ustedes estar tranquilos y seguir su fiesta. El que debe partir soy yo.
REYES.	Llévate a algunos muchachos de aquí, que conocen bien esos vericuetos. ¿Quieres ir tú, Bernardo?
BERNARDO.	Si la señora duquesa me manda ir, iré. Si me

	manda quedarme, me quedo.
REYES.	Buen cazurro estás.
BERNARDO.	Me quedo.
REYES.	Pero es que acaso tienes…
BERNARDO.	Miedo. Sí, señora.
REYES.	No lo creo.
BERNARDO.	Hace bien la señora.
M. DELUME.	¿Y a mí, señor marqués, me permite de acompañarlo?
CARLOS.	Gracias, capitán Delume; pero esta es más partida de caza que de guerra… Además, aquí soy el caballero andante de mi prima y…
M. DELUME.	Comprendido, admirable, señor marqués. Otra vez el amor y la muerte… ¡Oh, la España caballeresca! Sin embargo, pretendo esta vez ser su escudero.
ROSITA.	No, señor capitán Delume. Usted es nuestro caballero. ¿Quién nos defenderá entonces a nosotras? *(Se agarra de su brazo.)*
BLANQUITA.	Usted ha venido con nosotras. *(Se coge al otro brazo de M. Delume.)*
REYES.	Eso es: con quien vengo, vengo. Capitán Delume, sea usted hasta el final el caballero sirviente de estas doncellas.
P. FRANCISCO.	Con la ayuda de Dios, de nadie necesitamos. Vamos, don Tadeo. Niñas, no tengáis cuidado.
ROSITA.	Pero el capitán…
REYES.	Hay que acompañarlas, M. Delume.
BLANQUITA.	Con usted no tenemos miedo.
M. DELUME.	En marcha, pues. Señora duquesa, señor duque. Inolvidable noche. *(Saludándoles.)*
REYES.	Muy española.

M. DELUME.	Deliciosamente.
CARLOS.	Adiós, Reyes.
DUQUE.	Adiós y buena suerte, Carlos.
CARLOS.	Gracias, tío…
D. ANTONIO.	Duquesa admirable.
REYES.	Sutilísimo abate. *(Despidiéndose.)*

ESCENA VII

El viejo duque y Reyes

REYES.	Abuelo. ¿Lo cogerán?
DUQUE.	¿A quién?
REYES.	Al bandido.
DUQUE.	Yo apostaría a que no. Vamos a dormir… ¡Fabián!
FABIÁN.	Señor.
DUQUE.	Ve tú por delante con luces.
REYES.	Que duermas bien, abuelito.
DUQUE.	Y tú también.
REYES.	Yo aún me quedo aquí un instante.
DUQUE.	*(Al tocarle la frente.)* ¿Qué es esto? ¡Quema tu sien![72] ¿Estás mala?
REYES.	La fatiga, el sueño. ¿No lo hallarán?
DUQUE.	Apuesto a que no… ¡Fabián!, andando. Dios te bendiga.

---

[72] Compárese este estado de calentura con aquel otro de la penúltima escena de la obra. Remitimos a la nota 134.

	Y oye el consejo de un viejo,
	que pronto te faltará.
	Cásate con Carlos.
REYES.	Ya
	conocía yo el consejo,
	abuelo.
DUQUE.	¿Y qué dices?
REYES.	¡Ah!...

ESCENA VIII

Reyes sola[73]

REYES.	No sé… No quiero… ¡Qué bella
	estrella! ¿O es un lucero
	acaso?... ¿Será mi estrella?
	¿La mía?... No sé… No quiero…
	¿Qué tiene esta noche?, ¿qué
	tiene esta sombra?..., ¿qué tiene
	hoy este silencio?... ¿De
	dónde suspirando viene
	este aire cargado con
	los aromas de la sierra?
	¡Y esta humedad de la tierra
	que me llega al corazón!...

---

[73] Conviene subrayar la importancia de secuencias como esta en las que el monólogo (en versos octosílabos) permite conocer la interioridad de los personajes, base de la teoría dramática de los hermanos Machado, quienes afirmaron que «el empleo hábil o ilimitado de los apartes, la inserción del constante monólogo en el diálogo sería suficiente para renovar el teatro». Vid. MACHADO, Manuel y Antonio. "Los autores pintados por sí mismos". En: *ABC*, Año 25, n. 8154, 14 de febrero de 1929, p. 10.

ESCENA IX

Reyes, Lorenzo Gallardo

(Al decir los anteriores últimos versos, la duquesa se ha separado del ventanal, y desde su sillón, al sentir ruido, vuelve la cabeza y ve a Lorenzo Gallardo, que ha entrado por la ventana.)

REYES.   ¿Quién es usted?

LORENZO.   El bandido
Lorenzo Gallardo. No
ignoro quién ordenó
mi captura, y he venido
a evitar con mi obediencia
inquietudes y cuidados,
ahorrando a Vuestra Excelencia
la sangre de sus criados.
Aquí estoy. No es culpa mía
si fue difícil la entrada
con tanta gente apostada
en torno de esta alquería[74].

REYES.   Apostada... Puede ser.
Pero sepa que no son
cuantos le hicieron correr
hombres a mi devoción.
Soldados, sí, servidores,
no de esta casa, del rey,
señor bandido. La ley
condena a los salteadores
de los caminos. No a mí
ha de rendirse, y la puerta

---

[74] *alquería*: casa de labor, con finca agrícola, típica del este y sureste español.

	tiene de esta casa abierta,
	si aún quiere salir de aquí.
LORENZO.	No, duquesa. Cuando llegue
	el marqués, que aún volverá
	en busca mía, será
	Su Excelencia quien me entregue.
	Entretanto yo quisiera,
	señora, que me escuchara.
REYES.	Escucharle…
LORENZO.	Y si pudiera,
	mirarme fijo a la cara…
	¿No recuerda?
REYES.	Recordar…
LORENZO.	Un día en Benamejí.
REYES.	Usted…
	(Empezando a reconocerlo.)
LORENZO.	Sí, duquesa, sí;
	el niño del Olivar.
REYES.	¿Es usted?
LORENZO.	Mucho he cambiado,
	¿verdad?
REYES.	Mucho. ¿Y te han herido?
LORENZO.	Un rasguño. Nada ha sido.
	¡Bah!, ni lo habría notado.
REYES.	Te sangra esa mano. Toma
	ese pañuelo.
LORENZO.	Mancharlo
	no quisiera. Por su aroma
	preferiría guardarlo.
REYES.	¡Oh, no!; ven acá, Lorenzo.
	Yo misma…
LORENZO.	Manos piadosas
	que ponen vendas de lienzo
	en vez de duras esposas.

	¿Olvidó mi nombre?
REYES.	No…
	Mas nunca, nunca creí
	que fueses…
LORENZO.	Que fuese yo

el rey de la serranía
que anda en pliegos de cordel.
Sin duda dio el niño aquel
más de lo que prometía.
Yo escuché mi nombre un día
en sus labios, de manera
que en mil vidas que viviera
nunca se me olvidaría.
Señora duquesa…

REYES.   No
me llames así. Y responde
a la antigua amiga. Yo
no recuerdo cuándo, dónde,
qué fue lo que sucedió.

LORENZO. Una cosa muy sencilla.
La duquesa, una chiquilla,
en un potro jerezano
noble, vivo, alegre, ufano[75]
de sentírsela en la silla.
Una corveta[76] más fuerte
que la pilla descuidada,
y ella en el suelo privada
y en la carita la muerte…
Una azucena tronchada.
El niño del Olivar,
que ve a su reinita en tierra,
y que se azora[77], y se aterra

---

[75] *ufano*: arrogante, presuntuoso, engreído.
[76] *corveta*: movimiento que se enseña al caballo, haciéndolo andar con los brazos en el aire.

y va a romper a llorar,
porque el cielo se le cierra.
Y de pronto piensa: ¡no!,
no está muerta, y si lo está,
le daré la vida yo[78].
Ningún chiquillo creyó
nunca en la muerte, ¿verdá?
Y cogiéndola en sus brazos
del suelo, con ansia loca,
con el aliento en su boca,
con caricias, con abrazos,
los dedos en su cabello,
y los labios en su cara,
y en su frente, y en su cuello
—mala muerte al que pensara
mal de aquello—,
restregando la carita
fría con la suya ardiente,
y en el oído «¡nenita!,
¡nenita!, ¡despierta!, ¡siente!»,
corazón con corazón,
estrujados, confundidos,
sin saber ya de quién son
los latidos;
en una ola la envuelve
de calor y de poder,
y la vida vuelve, vuelve.
¿Qué iba a hacer más que volver?
Pero al volver, al venir
como de lejos y abrir

[77] *azora*: asusta.
[78] En este último parlamento de Lorenzo tenemos una prueba de la riqueza lingüística (diminutivos) y estilística que presenta de acuerdo a su formación, teniendo la capacidad de combinar en su discurso figuras retóricas como el epíteto, la metáfora con el diminutivo, la aliteración, la hipérbole y la anadiplosis.

los ojos, igual que en mayo
las flores al primer rayo
de sol, él la oyó decir:
¡Lorenzo!, y fue de tal modo
que en aquel instante todo
cambió para él. Azorado,
a la chiquilla soltó,
se puso más colorado
que una guinda, y se quedó
mirándola muy callado.
Ella, ligera, alocada,
volvió a caballo a montar,
lanzando una carcajada;
Lorenzo no dijo nada.
La estuvo viendo marchar,
dorada por los reflejos
del sol que ya se ponía,
hasta perderse a lo lejos
cerca de la serranía[79].

. . . .

La chiquilla olvidó el nombre
del niño del Olivar.
Pero el niño…, era ya un hombre
y no podía olvidar.

REYES.　　Después, Lorenzo, ¿qué fue
de tu vida? No volví
a verte más.

LORENZO.　　　　　Me marché
lejos de Benamejí.
Latines cursé en Baeza,
con escasa vocación

---

[79] Esta extensa narración en verso, como las siguientes de Lorenzo, pone en antecedentes y explica el repentino enamoramiento entre ambos. Obsérvese cómo en esta imagen ecuestre es el personaje femenino el que aporta cualidades tradicionalmente atribuibles al hombre, como puede ser la virilidad del jinete.

de vestir por la cabeza;[80]
mas con aquella ilusión
del niño que ha visto un día
salir de una catedral,
con toda la clerecía,
un arzobispo, triunfal,
y a su paso una duquesa
que se arrodilla y le besa
el anillo pastoral.

REYES. ¿Y después?

LORENZO.   Sería largo
el cuento. Mucha ambición,
claustro oscuro, pan amargo,
cambiaron mi inclinación.
Pensé en el mundo; colgué
sotana y bonete y di,
en soldado de la Fe.
Pasé por Benamejí
mal vestido y peor armado;
y al verla en el ventanal
de su palacio encantado,
el curita renegado
pensaba en ser general.
Ambición sin disciplina,
con gente que no guerrea
sin odio, y de tal ralea[81]
que cuando vence asesina,
me hizo tomar el partido
único que me quedaba:
la senda del forajido,
la sierra que me llamaba.

---

[80] Lo mismo escribió Prosper Merimée de José María "el Tempranillo" (famoso bandolero cordobés), a quien sus padres le habían asignado un camino vinculado a la Iglesia estudiando Teología en la Universidad de Granada.

[81] *ralea*: especie, género, cualidad.

REYES.	¡Qué locura!
LORENZO.	No me pesa.

Pocos y buenos están
conmigo, y por capitán
me aclaman todos, duquesa.
Rey de la sierra me llama
el pueblo humilde, y, ufano
de ese nombre y de esa fama,
por merecerlos me afano.

REYES.	¿Cómo?
LORENZO.	Donde sobra quito,

doy donde falta, y así,
aunque guardo para mí
lo poco que necesito,
pienso ganar, Excelencia,
la vida por donde voy
sembrando alarmas, y estoy
siempre en paz con mi conciencia.

REYES.	¿Pero tú sabes la suerte
	que te espera?
LORENZO.	No me asusta.
REYES.	¡Pobre Lorenzo!
LORENZO.	Ir me gusta

por el atajo a la muerte,
al fin, donde todos vamos,
y a quien, por diversos modos,
en la moneda de todos,
que es nuestra vida pagamos.
Mas la vida, larga o corta,
tiene el valor que le dan
nuestros alientos: importa
ser en ella capitán.
Y yo he sabido elegir
la profesión más honrosa,

que no hay elección dudosa
entre mandar y servir.
Gente leal me acompaña,
la libertad me asegura,
un rincón de la montaña.
Fuera no hay sino aventura,
riesgo y peligro, tablero
donde al fin se perderá
todo, lo sé; mas será
porque jugármelo quiero[82].

REYES.　　　No, Lorenzo, has elegido
mal camino; hay que dejar
esa vida y comenzar
otra.

LORENZO.　　　　Es tarde.

REYES.　　　　　　Nunca ha sido
tarde para el bien. Yo puedo
salvarte.

LORENZO.　　　　¿De quién?

REYES.　　　　　　　De ti.
Lorenzo, lejos de aquí
serás libre. ¿O tienes miedo
a tu gente? En otra tierra
vivirás.

LORENZO.　　　　Ni yo abandono
a mis hermanos de guerra,
ni puede el rey de la sierra
dejar vacante su trono
–perdón, reina– sin dejar
antes la vida. A sus pies
lo pongo; cuando el marqués

---

[82] Pese a lo que pudiera parecer, la decisión de Lorenzo de optar a la vida de bandolero se rige por el sentimiento de libertad e independencia. Marchando a la montaña cree alejarse del peligro aun sintiéndose «el rey de la sierra».

vuelva me puede entregar.
Si no, conozco caminos
para a la sierra volver.
Nada tengo que temer
entre zarzales y pinos.
Donde las nieblas desfilan
por gargantas cenicientas,
en picachos donde afilan
su cuchillo las tormentas,
libre vivo. Allí se ven
desiertos los horizontes;
allí se cabalga bien
envuelto en nubes y montes[83].

REYES. Basta, ¿qué quieres de mí?

LORENZO. Verte he querido y probar
que no te pude olvidar,
reina de Benamejí.

REYES. Al rey de la serranía
mi mano, por su valor;
y en recuerdo de aquel día
y a su lealtad y a su amor
agradecida, sabré
pagar con igual moneda.
Vete, Lorenzo. Yo iré
a tus montes cuando pueda.

LORENZO. Duquesa…

REYES. No. La chiquilla,
ya mujer, irá a buscar
al niño del Olivar,
más firme sobre la silla
de su montura que ayer.
Pronto me tendrás allí.
Mas libre, como tú aquí

---

[83] Véase nota 71.

	he de estar para volver.
LORENZO.	Libre y segura señora;
	y cuando llegue montada
	en su caballo la aurora,
	hasta la roca pelada
	dará flores; en el cielo
	las águilas detendrán
	para mirarla su vuelo;
	mis gentes se postrarán
	a sus pies[84].
REYES.	Gracias. Y, adiós.
	ya no hay tiempo que perder;
	seguir aquí puede ser
	funesto para los dos.
	Aguarda. ¿Has oído?
LORENZO.	Gente
	llega a caballo.
REYES.	Sí. Espera.
LORENZO.	Vienen por la carretera.
	Serán los míos.
REYES.	Detente.
	Ya no es tiempo de salir
	sin ser visto. Es el marqués
	con tropas.
LORENZO.	Entonces es
	buena ocasión de morir.

---

[84] Este es un buen ejemplo de cómo los dramaturgos emplean el verso octosílabo como medio de intensificación haciendo convivir en el espacio textual figuras como la metáfora, la hipérbole, la aliteración... Aunque los autores se ciñen a imágenes muy visuales también son potencialmente sensibles gracias al lenguaje poético que emplean intensificando así las ideas de libertad y admiración.

ESCENA X

Reyes, Lorenzo, Carlos, Bernardo

CARLOS.
¡Eh! ¡Tú aquí! ¡Gracias a Dios!
Mas, ¿cómo?

LORENZO.
Señor marqués,
poco importa. El caso es
que estamos aquí los dos.

CARLOS.
Pues date preso.

LORENZO.
Confieso
que, tras tanto perseguirme,
creí que iba usté a decirme
algo más que «date preso».
Usté me buscaba.

CARLOS.
Sí.

LORENZO.
Y yo he venido a encontrarlo,
señor marqués.

REYES.
Y ahora a ti…

CARLOS.
Reyes…

REYES.
… te toca salvarlo.

CARLOS.
¿Salvarlo?... No te comprendo,
prima.

REYES.
No importa. Tú harás
lo que te diga.

CARLOS.
En sabiendo
el porqué…

REYES.
Ya lo sabrás.
Pero ahora no hay tiempo… Ahora…
(Dirigiéndose a Bernardo.)
Bernardo, ¿puedo fiarme
de ti?...

BERNARDO.
¿Hice bien en quedarme
aquí esta noche, señora?

	(Hablando aparte con la duquesa.) La gente se acostará, y por aquí no hay cuidado.
REYES.	La tropa…
BERNARDO.	Por ese lado, el señor marqués dirá. Pero como va a decir lo que quiera mi señora…
REYES.	¡Bernardo!...
BERNARDO.	Antes de una hora, Lorenzo puede salir, sin cuidado, hasta la aurora. *(Vase Bernardo.)*

ESCENA XI

Reyes, Lorenzo, Carlos

CARLOS.	Y piensas tú que yo voy a consentir… ¿Qué locura es esta? Aún no hace dos horas tal empeño, tanta furia en perseguir a esta gente… ¿Y ahora, con la misma angustia, me pides la salvación del capitán de esa turba de malhechores?
REYES.	Lorenzo no es un malhechor.
CARLOS.	¿Te burlas?
REYES.	Su alma es noble. En la borrasca de una vida de aventuras…
CARLOS.	*(Interrumpiendo.)*

	De crímenes. ¿Cómo puedes
	hablar así?
REYES.	He sido injusta,

cruel… Si él muriese ahora,
sería mía la culpa
toda… Mañana, otro día
os encontraréis.

CARLOS.   ¡No!

REYES.   Escucha.
Por el amor de Dios que me tienes…

CARLOS. ¡Oh!...

REYES.   Tú lo dices. Renuncia
al fruto de una victoria,
que al fin y al cabo no es tuya.
Lorenzo es mi prisionero.
El mío. Yo soy la única
persona a quien él se rinde.

CARLOS. Y tú me lo entregas.

REYES.   ¡Nunca!

CARLOS. Reyes…, ¿qué es esto?

REYES.   ¡Qué es esto!...
Que abomino de esta lucha
maldita, y que ahora al verlo
solo, acorralado, sin
esperanza y sin remedio,
amparo al que he perseguido.
¿Te asombra a ti? No lo creo.

CARLOS. Pero, ¿tú sabes quién es
ese hombre?

REYES.   Sí; sí, Lorenzo
Gallardo, el rey de la sierra.

CARLOS. ¿Y tú sabes que me ha muerto
a mis mejores soldados?
Por fortuna, también ellos

sufrieron en la pelea.
Malherido y prisionero
con otros cuatro bandidos
está su teniente.

LORENZO.   ¿Pedro
Luna? ¡Imposible!

CARLOS.   ¿Imposible?
Y poco tardará el resto
de tu gavilla en caer
en mis redes.

REYES.   Ya con eso
te basta.

CARLOS.   Si el capitán
escapa, nada hemos hecho.

REYES. Este hombre pudo matarme,
Carlos. No he de ser yo menos
generosa que él conmigo.

CARLOS. Escucha, Reyes. Yo puedo,
por esta inmensa ternura,
por el amor que te tengo,
faltar a mi obligación
militar, y no ponerlo
en manos de la justicia,
como se me manda. Pero
déjame zanjar con él,
los dos solos, este pleito.

REYES. Nunca; los dos, no. ¿No ves
que está herido?

LORENZO.   ¡Bah!, un pequeño
rasguño, ni venda quiere.

REYES. ¡Eh!

LORENZO.   ¡Tanto mimo!
*(Se arranca el pañuelo que le sirve de
venda.)*

REYES.	¡Lorenzo!
LORENZO.	No arriesgue usted sus amores
	por salvarme. No merezco
	yo tanto, señor marqués.
	Otro día nos veremos
	con más suerte.
REYES.	Mira…
LORENZO.	Adiós.
CARLOS.	Si sales de aquí eres muerto.
LORENZO.	¡Bah!
CARLOS.	Tengo mis centinelas
	en torno a la finca puestos;
	si te ven…
LORENZO.	No me verán.
REYES.	¡Un instante!
LORENZO.	Ni un momento.
	Voy a salvar a los míos.
REYES.	¡Oye!
LORENZO.	O a morir con ellos.
REYES.	*(Suplicante.)*
	¡No salgas, por Dios!
LORENZO.	¿No ves
	que ellos me llaman?
REYES.	¡Lorenzo!

ESCENA XII

Reyes, Carlos

REYES.	Se fue. Lo van a matar.
CARLOS.	Seguro. Se lo advertí.
REYES.	Pero tú corre a avisar.
CARLOS.	*(Se oyen tiros.)*

Un tiro… Y otro.
(Se oye una voz que dice:)
¡Ay de mí!

REYES.
Ese grito de dolor.
Lo han matado, lo han matado.
(A Carlos.)
Por ti, ¡cobarde, traidor!
¡Mi Lorenzo!

ESCENA XIII

Dichos, Bernardo

BERNARDO.
Se ha salvado.
El muerto ha sido el pastor.
Ha sido cosa de juego:
al verlo salir, corrí;
a él no le vieron, a mí
es a quien le han hecho fuego.

REYES.
¿Pero, estás herido?

BERNARDO.
No.
Me hice el muerto. Ellos llegaron,
y al encontrar que era yo
riendo me levantaron,
mientras el otro escapó.

REYES.
¿Y él?

BERNARDO.
Conoce su camino,
y no hay miedo por ahora.
Cada cual tiene su sino
en este mundo, señora.

TELÓN

ACTO SEGUNDO

La sierra, el corazón de la sierra. A un lado, hacia el fondo,
una cueva. A derecha e izquierda, la entrada de varios
senderos, entre peñas y breñales

ESCENA PRIMERA

Pedro Cifuentes, Frasco José, Paquirón, Lobezno y Lara

FRASCO JOSÉ.	Por eso dicen que en este mundo no hay dicha completa.
PAQUIRÓN.	El tiempo pasa, y el capitán sin venir.
FRASCO JOSÉ.	No, por él no tengo miedo. No se ha fundido la bala que lo mate.
PEDRO CIFUENTES.	Lorenzo es un hombre como nosotros; no escapará a la ley.
FRASCO JOSÉ.	¿Qué entiendes tú por ley?
PEDRO CIFUENTES.	Que todos tenemos que morir.
FRASCO JOSÉ.	Si no me dices más que eso…
PEDRO CIFUENTES.	Bastante he dicho a cuento de lo que tú dices. La bala que mate a Lorenzo puede estar en el aire, o en la canana[85] de algún soldado del marqués.
FRASCO JOSÉ.	Siempre agorero y de mala sombra.
PEDRO CIFUENTES.	Porque tengo la cabeza en su sitio, y medito, Frasco José. El rey de la sierra… Esa es una ponderación muy bonita que hace el pueblo, agradecío al rumbo de Lorenzo. Pero

---

[85] *canana*: cinturón para llevar cartuchos o balas.

	Lorenzo hará muy mal en creérselo. Un rey, que tiene que buscar la comía fuera de su reino, es un rey.
PAQUIRÓN.	De baraja, ¡ja, ja!
PEDRO CIFUENTES.	De fantasía. En la sierra no hay más que un rey, o, por mejor decir, una reina: la ardilla, que tiene en la sierra to lo que le hace falta.
FRASCO JOSÉ.	Mientras haiga piñas… Tienes razón.
PEDRO CIFUENTES.	Porque el lobo pasa hambre; y el gato montés pasa hambre; y el zorro, con to su talento, pasa hambre.
LOBEZNO.	¿Y el águila?
PEDRO CIFUENTES.	Es un pájaro muy hermosísimo[86], no le quito su mérito; pero es un bicho carnicero que se come a otros animales; y to el que se come a un semejante crúo, es que pasa hambre.
FRASCO JOSÉ.	En esto tienes razón.
PEDRO CIFUENTES.	Y yendo a lo que iba, te diré que ya estoy harto de la sierra, y que si no fuera porque tengo ley a Lorenzo… Porque Lorenzo es bueno; más de cuatro veces le debo la vía… Pero uno tiene también su fantasía y piensa que pudiera vivir de otra manera menos aperreá… En fin, que venga pronto el capitán, y a ver qué hacemos de esa mujé, que ya me tiene muy preocupao.
FRASCO JOSÉ.	Esa mujé es un tesoro que se nos ha venido a las manos.
PEDRO CIFUENTES.	Pues eso es lo que yo no comprendo, Frasco José. ¿A dónde iba esa mujé cuando nosotros le echamos el alto? A caballo y dentro ya de la sierra, y sola –digo sola,

---

[86] Obsérvese el uso desmesurado que del superlativo hace el personaje, reforzando la belleza con el adverbio de cantidad *muy* junto al sufijo *-ísimo*.

porque el viejecillo que la acompañaba no creo yo que le sirviera pa espantá las moscas–; una mujé que no se asusta de na ni dc naide, y que no pierde su señorío rodeá de fascinerosos[87], es cosa de asombro. Si parecía como si fuera ella la que nos había secuestrao a nosotros. Que ella conoce a Lorenzo, no cabe duda.

PAQUIRÓN. Ella lo dice.

PEDRO CIFUENTES. Lo dice y es verdad. Ella nos describió el traje que llevaba Lorenzo la noche de la trifulca con las tropas del marqués. Y el pañolito manchao de sangre... «De vuestro capitán». ¡Cómo lo dijo esa mujé! Aquí hay misterio, Frasco José. Porque esa mujé está en la sierra más tranquila que tú y que yo. Y si otra cosa siente, lo disimula bien.

FRASCO JOSÉ. Ella no tiene mucho que temer. Sabe que nosotros la hemos de respetar mientras que no llegue Lorenzo. Luego..., dinero le sobra pa pagar su rescate. ¿Por qué va a perder su tranquilidad? Es una mujé... con sentío común.

PEDRO CIFUENTES. Pues eso es lo que a mí me asusta, Frasco José. El sentío común lo tiene el hombre, cuando Dios quiere. En una mujé es mucho lujo.

FRASCO JOSÉ. Puede que tengas razón.

PEDRO CIFUENTES. ¿Cómo hizo Dios a la mujé? To el mundo lo sabe; sacándole a Adán una costilla, cuando Adán estaba en siete sueños[88]. Luego la mujé es un pedazo de hombre dormío, que ha

---

[87] *facinerosos*: delincuente habitual.
[88] *Génesis* 2:21-24.

	venido al mundo…
PAQUIRÓN.	Pa dormir con el hombre.
PEDRO CIFUENTES.	Y pa no dejarlo dormir. Yo veo y cavilo, Frasco José. ¡La duquesa de Benamejí! Too lo duquesa que tú quieras; pero ¿dejará de ser una mujé?
FRASCO JOSÉ.	Eso no te lo niego.
PEDRO CIFUENTES.	Pues se ha enamorao de Lorenzo, y venía a buscarlo cuando dio con nosotros.
FRASCO JOSÉ.	¡Qué disparates dices!
PEDRO CIFUENTES.	Te parece a ti un disparate que una duquesa se enamore de un fascineroso. Pues otras cosas más raras se han visto en el mundo, Frasco José.
FRASCO JOSÉ.	No es eso. Lo que a mí me parece un desatino es que venga a buscarlo a la sierra, cuando lo pué recibí en su casa.
PEDRO CIFUENTES.	Pues esa es la gracia, Frasco José. Bien se conoce que no has pasao por la escuela. La reina más grande que ha habío en el mundo, la reina de Sábalo, fue a buscá a Solomón, que estaba de anacoreta[89] en el desierto. ¿Y hay na más asqueroso que un sabio haciendo penitencia? Pues eso lo tienes en los libros, pa cuando… aprendas a leer. Total, que la duquesa de Benamejí, harta de duqueses y de marqueses y de tantos palaciegos como tiene al retortero[90], no solo se ha enamorao de Lorenzo, que al fin es un buen mozo, sino que lo quiere conocer en su propia salsa. Y

---

[89] *anacoreta*: persona que vive en lugar solitario, entregada enteramente a la contemplación y a la penitencia. Es parte de la leyenda que la reina de Saba llegó hasta Jerusalén para escuchar la sabiduría de Salomón y que, cuando regresó a Axum, dio a luz un niño, Baina Lekem, conocido como Menelik I, fundador de la dinastía salomónida. Vid. nota 67.

[90] *al retortero*: locución adverbial con el significado de *alrededor*.

	me extraña que un hombre aventurero como tú se asombre de que haiga una mujé aventurera.
FRASCO JOSÉ.	Verdad que hay mucha fantasía en este mundo.
PEDRO CIFUENTES.	Y en eso tampoco nos ganan las mujeres. Lorenzo tiene mucha más fantasía que esa mujé. Y si no, dime tú: ¿por qué no está Lorenzo ahora diciendo misa y echando bendiciones, o ayudando al verdugo a ahorcar liberales? ¿Por qué se ha echao a los peligros y a vivir pregonao[91]? Por ese voletío[92] de la imaginación, que lleva al hombre a figurá en la historia. El hombre es el único animal que no se mueve por la comía, sino por el brillo y el tronío de la gloria. Naide quié pasá por el mundo sin meté ruío, y sin hasé algo que se puea mentá, pa que se diga de él: ese era un hombre.
PAQUIRÓN.	Ese era un hombre y lo ahorcaron, que es lo que se va a decí de alguno de nosotros. ¡Ja, ja!
PEDRO CIFUENTES.	También se dijo: más orgulloso que don Rodrigo en la horca. Pues ese don Rodrigo era un hombre muy grande, de quien naide supo na hasta que lo ahorcaron[93]. Conque si no lo ahorcan, pasa desapercibido.

---

[91] *vivir pregonao*: vivir como un proscrito.

[92] *voletío*: puede tener el significado de huida súbita y desesperada.

[93] Hace referencia a don Rodrigo Calderón de Aranda (hombre de la corte de Felipe III) quien fue llevado al cadalso aunque por ser noble murió degollado el 21 de octubre de 1621. De ahí la expresión «tener más orgullo que don Rodrigo en la horca» para aludir a la entereza, orgullo y soberbia que mantiene el individuo que atraviesa por unas circunstancias adversas.

FRASCO JOSÉ.	En eso pué que tengas razón. *(Se oye un silbido.)* ¿Oyes?
PAQUIRÓN.	Aquí viene Bernardo.
FRASCO JOSÉ.	A ver qué noticias trae.

ESCENA II

Dichos. Bernardo

PAQUIRÓN.	Hola, Bernardo.
FRASCO JOSÉ.	¿Qué sabes de Lorenzo?
BERNARDO.	Que viene tan bueno y tan sano como se fue.
FRASCO JOSÉ.	¡Bendito sea Dios, que nunca abandona a sus criaturas!
PEDRO CIFUENTES.	¿Tú lo has visto?
BERNARDO.	Pasando el puerto nos encontramos. «Toma el atajo del Carrascal, y avisa a los míos». Esto es lo que él me dijo. Y ahora, un consejo del viejo pastor: no dormirse, que hay lobos cerca. Por la cañada andan los soldados del marqués.
PEDRO CIFUENTES.	¿Por la cañada? ¿Cuántos?
BERNARDO.	Diez hombres armados con fusiles. Pero hacia la Venta del Cojo hay muchos más.
FRASCO JOSÉ.	Que allí nos esperen bebiendo mostagán[94].
PEDRO CIFUENTES.	Sí, sí, échalo a broma, Frasco José. Razón tiene Bernardo. La ancianidad nunca se chupa el deo.
BERNARDO.	De eso ya se me pasó el tiempo hace

---

[94] *mostagán*: vino.

	algunos años. Además yo os quiero bien, porque servís a Lorenzo, que no hace mal a ningún cristiano.
PEDRO CIFUENTES.	Paquirón, tú, conmigo, hacia el Portachuelo; allí sé yo lo que tenemos que hacer.
PAQUIRÓN.	Vamos.
PEDRO CIFUENTES.	Tú, Frasco José, con Lara, te adelantas a tomar órdenes de Lorenzo y a darle cuenta de too. Tú, Bernardo, a tu mirador. Y vosotros a vigilar caminos.
FRASCO JOSÉ.	Y a esa mujé, ¿quién la vigila?
PEDRO CIFUENTES.	Déjala con Rocío, que ya tié bastante. ¿O piensas tú que se va a escapá por el aire?
FRASCO JOSÉ.	En eso tienes razón. *(Vanse por diversos caminos según indica el texto.)*

ESCENA III

Reyes y Rocío

(La gitana Rocío libra de sus ligaduras a la duquesa y le da constantemente prisa para que se vaya, celosa de que Lorenzo llegue a verla. La duquesa comprende, adivina la pasión de la gitana, y juega con ella con admirable serenidad hasta que logra hacerla hablar claramente.)

REYES.	Pero, chiquilla, ¿qué es esto?
ROCÍO.	Quitarle a usted las cadenas que esos bárbaros le han puesto. ¡Ay, manitas de azucena, piececitos de clavel,

cuerpo de corregiora!...[95]
A la suerte, mi señora,
a la suerte de que estoy
aquí yo.

REYES.   ¿Otra vez traidora?

ROCÍO.   ¿Traidora yo, cuando voy
a darle su libertá?...

REYES.   ¡Cómo!...

ROCÍO.   Como ahora mismito
toma usté ese caminito,
que da al camino reá.
Separando unos jarales,
y en menos que lo contamos
da usté con los *jundanales*
que manda su primo. ¡Vamos!
Y libre ya como el viento,
usté se acuerda que yo
la salvé en este momento…
y me lo agradece o no,
y chanfli[96] ¡s'acabó el cuento!
Conque chitito[97] y deprisa,
que estos minutillos son
de oro puro, y la ocasión
única.

REYES.   No tengas prisa.

ROCÍO.   Si no soy yo la que tiene
que tener prisa. Es usté
porque si Lorenzo viene…

---

[95] Como observó Miguel de Castro en su crónica teatral, este verso procede de una copla andaluza: «¡Ande usté, armasén de grasia, / cuerpo de corregiora! / Si yo fuera el Rey de Holanda / se pondría una corona». Vid. CASTRO, M. de. "La semana teatral", op. cit., p. 14.

[96] *chanfli*: «Podría entenderse también como gitanización en femenino de la voz jergal chanflona, adjetivo que suele acompañar a doncella, con el sentido de "falsa"; en definitiva, prostituta que se finge tal para hacer más rentable su negocio. Chanflón es el que se quiere hacer pasar por caballero». Vid. MONDÉJAR, J., op. cit., p. 155.

[97] *chitito*: marcharse.

REYES.	Si viene Lorenzo, ¿qué?
ROCÍO.	¿Qué? Que le va a usté a pedir un millón por el rescate…
REYES.	Lo daré.
ROCÍO.	Puede ocurrir algo peor.
REYES.	¿Que me mate?, dispuesta estoy a morir.
ROCÍO.	No, no. Yo quiero pagarle a usté aquella caridá que hizo conmigo. Y darle ahora la libertá, que es cuanto yo puedo hacer… ¡Vamos!
REYES.	¿Y si no la quiero?
ROCÍO.	Si usté no la quiere… Pero… ¿por qué no la va a querer? Si es la cosa más bonita que hay en el mundo. ¡Por Dios!, de rodillas, señorita, se lo pido… ¡Vámonos! Si yo la acompaño…
REYES.	Di, y sostén esa mirada. ¿Qué es Lorenzo para ti?
ROCÍO.	¡Todo!
REYES.	¿Y tú para él?
ROCÍO.	¿Yo? Nada.
REYES.	¿Y lo traicionas por mí?
ROCÍO.	¿Yo a Lorenzo?, ¿yo traición?, ¿qué dice? No ve esta loca que al mentarlo el corazón se me sale por la boca. ¡Lorenzo!

REYES.	Y quieres quitarle
	su presa.
ROCÍO.	Eso es cuenta mía…
	La de usté irse.
REYES.	Lo sería
	si no tuviera que hablarle.
ROCÍO.	Él no acostumbra a escuchar
	a la gente prisionera.
	¿Usté le tiene que hablar?
	¡De nada! ¡Pues bueno fuera!
	¡Ni soñarlo!
REYES.	Ven acá.
ROCÍO.	¡No quiero! Y váyase.
REYES.	Yo
	te digo que aquí lo espero.
ROCÍO.	Y yo le digo que no.
REYES.	¿Por qué?
ROCÍO.	Porque yo no quiero.
	¡Se acabó!
REYES.	¿No quieres tú, desgraciada?
	¿Y quién eres tú?... Decías
	que para él no eres nada.
ROCÍO.	Yo…
REYES.	Hace un momento. ¿Mentías?
	¡Dime la verdad!
ROCÍO.	No sé…
	¡Si yo no tengo por qué
	decirle a usté la verdá,
	ni la mentira, ni na!
	¡Si yo la aborrezco a usté,
	desde que la conocí,
	con tos mis cinco sentíos!
REYES.	Y yo con los cinco míos
	tengo compasión de ti.

Escucha. Por mil razones,
que no te importan, yo tengo
afecto a Lorenzo y vengo
a este nido de ladrones
y asesinos a buscarlo,
y no es que yo haya caído
en vuestro poder; ha sido
que aquí pensaba encontrarlo.
Y como vengo a salvarlo,
¿comprendes?, no hay que decirme
que me vaya. No he de irme
sin hablar con ese loco
dos palabras. Ni él tampoco
se irá de aquí sin oírme…

ROCÍO.   Y dígame usté. Dejar
su casa tan señorona
por una senda perdida,
arriesgando su persona
y su decencia y su vida,
por ir a buscar a un hombre
que no tiene qué perder,
¿se dice afecto? ¿o qué nombre
tiene?

REYES.   ¿Qué nombre?...

ROCÍO.   Querer.

REYES.   ¿Querer?

ROCÍO.   Con mucha fatiga,
con la sangre de las venas.

REYES.   ¡Querer!...

ROCÍO.   Con toítas sus penas.

REYES.   ¡Querer!...

ROCÍO.   Y que usté lo diga,
y llenándose la boca.
¡Querer!

REYES.	¿Tú imaginas?
ROCÍO.	¡Eso!

Que si él diera a usté un beso
se volvería usté loca.

REYES.   ¡Como los que a ti te da!...

ROCÍO.   No me los da, perra. Yo…
Pues si me los diera no
estaría usté aquí ya.
Nunca ha reparado en mí;…
nadie repara en que mira,
en que anda, en que respira.
Tan solo una vez le oí
–yo a su lado, en pie, en el suelo–
y él ya a caballo en la silla
decirme: «Pero qué pelo
tan negro tienes, chiquilla».
Después ni ha vuelto a decirme
nada, ni casi a mirarme;
pero yo sé contentarme
con que no le enfade oírme.
Y como solo me aterra
verlo enojado conmigo,
por donde quiera le sigo
humilde como la tierra.
Y… ya lo sabe usté todo.
Y ahora ¡la voy a matar
por mirarme de ese modo!

REYES.   ¿Y qué le vas a contar
a Lorenzo? Te lo digo
porque yo puedo morir,
pero, ¿me quieres decir
lo que hará él luego contigo?
Si has de matarme, primero
ensaya bien tu papel.

	Porque yo… no sé si quiero
	a Lorenzo. ¡Pero él!...
Rocío.	Te quiere. ¡Ah, perra traidora!
Reyes.	Me quiere.
Rocío.	¡Calla, maldita!
Reyes.	Me quiere.
Rocío.	*(Abalanzándose cuchillo en mano.)*
	Llegó tu hora.
Reyes.	¡Quieta, infame! *(Sujetándola.)*
Rocío.	¡Suelta! *(Resistiéndose.)*
Reyes.	¡Quita!

ESCENA IV

Dichas. Bandidos

(Lobezno y los otros separan a las dos mujeres.)

LOBEZNO.	¿Qué es esto?
Rocío.	Que esta arrastrada
	se me quería escapar,
	y que me iba a matar.
LOBEZNO.	No se habría perdío nada. *(A la duquesa.)*
	Pero cuidado, princesa,
	que el capitán llega y
	no está bien que la halle así,
	peleándose con esa.

ESCENA V

Aparecen Lorenzo, Pedro Cifuentes, Frasco José, Paquirón,
Lobezno, Lara y otros bandidos

(Los bandidos quedan formando grupo, curiosos de la actitud de Lorenzo, y no menos de la de Reyes.)

FRASCO JOSÉ.	Aquí está la prisionera.
LORENZO.	No paséis de aquí.
PAQUIRÓN.	Nosotros…
LORENZO.	Quietos y punto en boca. *(Los bandidos se detienen recelosos y murmurando de su capitán.)* ¿Quién replica? *(Con voz recia y ademán amenazador, que reduce a los bandidos a un silencio de respeto y miedo.)* Vuestra señora, la duquesa de Benamejí. *(Señalando a Reyes.)* Mis compañeros de armas, a quienes ya conoce Vuestra Excelencia como sus servidores. *(Señalando al grupo de los bandidos.)* Pedro Cifuentes.
PEDRO CIFUENTES.	Capitán.
LORENZO.	Que formen.
PEDRO CIFUENTES.	A formar. *(Ordenando a los bandidos, que obedecen perezosamente.)*
LORENZO.	¡Pronto! *(Con voz amenazadora, a la cual los bandidos obedecen como movidos por un resorte en contraste con su anterior negligencia.)* Y ven aquí tú. *(A Pedro Cifuentes, que se destaca del grupo y se aproxima algo a Lorenzo.)* En pocas palabras, ¿qué ha pasado?
PEDRO CIFUENTES.	Que aquí tienes a la duquesa… *(Mirando recelosamente a Lorenzo.)* A la señora… *(Siempre atento al rostro ceñudo de Lorenzo.)* A nuestra señora la duquesa de Benamejí.
LORENZO.	Eso ya lo veo. Te pregunto otra cosa.

PEDRO CIFUENTES.	Nosotros cumplimos con nuestro deber. A las once de la mañana le dimos el alto[98], cerca del chorro de Quesada[99]. Ella venía a caballo, acompañada de un viejo que picó espuelas cuando nos vido[100]. Aquí naide le ha faltao al respeto.
REYES.	Dice bien, capitán; ninguna queja puedo darle de ellos.
LORENZO.	Señora. *(Cogiendo la mano que Reyes le tiende y besándola.)* ¿Y esto? *(Al reparar la huella de las esposas y con voz amenazadora.)*
PEDRO CIFUENTES.	La costumbre. *(Con timidez.)*
LORENZO.	Yo nunca he ordenado maniatar a las mujeres.
PEDRO CIFUENTES.	Como nunca tuvimos mujeres prisioneras… Me pareció que era una precaución de ordenanza, a que no se debía faltar. Ella misma nos dio a entendé que era justo cumplir con el ceremoniá de la casa. Pero no estarían tan apretás las ligaduras cuando ella misma se las ha quitao.
REYES.	Es verdad, yo misma...
ROCÍO.	*(Aparte.)* (La mismita.)
LORENZO.	Bien. *(Hablando aparte con Pedro Cifuentes.)* Tú, con dos hombres, hacia la Nava. Allí disparáis. Hay que llamar la atención por ese lado. ¿Entiendes?
PEDRO CIFUENTES.	Entiendo.

---

[98] Es esta la única referencia temporal concreta del segundo acto.
[99] Balcón natural con un gigantesco roquedo de paredes verticales.
[100] *vido*: arcaísmo junto al uso de *haiga* en boca de Frasco José y Pedro Cifuentes.

LORENZO.	¿Y qué esperas? *(A Cifuentes, con viveza, porque el bandido ha quedado en actitud indecisa.)*
PEDRO CIFUENTES.	Quería decirte…
LORENZO.	*(Cortándole la palabra imperativamente.)* Ahora ni una palabra. Obedece. *(Pedro Cifuentes va hacia el grupo poco decidido hasta que oye a Lorenzo.)*
LORENZO.	Y pronto. *(Salen Pedro Cifuentes y dos bandidos.)* Frasco José.
FRASCO JOSÉ.	Capitán.
LORENZO.	El grueso de la gente detrás de la Peña Brava, y tú, solo, ¿entiendes?, a recorrer el sendero de los Jarales. Si ves a alguien vuelves más ligero que un rayo y me lo avisas. *(Frasco José sale de un grupo de bandidos.)* Vosotros no os apartéis mucho. *(El último grupo de bandidos se disuelve, retirándose por diversos lados de la escena.)* Y tú, chiquilla, ¿qué hacías aquí? *(A Rocío, en quien hasta ahora no había reparado. Rocío calla y le mira recelosamente.)*
REYES.	Acompañarme, Lorenzo. Ella fue quien me ayudó a quitarme las esposas. ¿Verdad? *(A Rocío que no contesta.)*
LORENZO.	Te hablan; responde.
ROCÍO.	Verdad… Adiós. *(Alejándose malhumorada.)*
LORENZO.	Ven acá, diableja. Y toma por tus buenos servicios. *(Sacando unas monedas.)*
ROCÍO.	No quiero nada. Adiós. *(Vase por el sendero de los Jarales.)*

ESCENA VI

Reyes, Lorenzo

LORENZO.
Ya me parecía a mí,
a ratos, que estaba loca
esa chiquilla.

REYES.
Por ti.

LORENZO.
¿Por mí?

REYES.
De su misma boca
hace un instante lo oí.

LORENZO.
Pero ¿ha dicho esa embustera?...

REYES.
Que te adora, y a su amor
tú…

LORENZO.
Ni sé de qué color
tiene los ojos siquiera.

REYES.
Negros… Como el pelo.

LORENZO.
¡Bah!
Ella nos salió al camino
llorando, y aquí se vino,
y con nosotros está
de limosna.

REYES.
Ya lo sé.

LORENZO.
Entonces…

REYES.
Nadie es tan pobre
que esperanza no le sobre.
Tú mismo… Lorenzo…

LORENZO.
¿Qué?

REYES.
¿Me esperabas?

LORENZO.
Sin mentir:
Yo, sí. Pero esto no quiere
decir que porque yo espere
tuviera usted que venir.
Y… Usté lo ha dicho: se alcanza

	lo que se puede; se espera
	lo que se quiere. ¿Qué fuera
	la vida sin esperanza?
REYES.	Dime, Lorenzo.
LORENZO.	Señora.
REYES.	Me llamo Reyes. No soy
	aquí la duquesa hoy,
	ni hay más señor que tú ahora
	en la sierra[101]. Te ofrecí
	aquella noche, al marcharte
	de mi casa, visitarte
	en la tuya, y heme aquí.
	Pero además me ha traído…
LORENZO.	*(Interrumpe.)* No me importa… Caridad
	de reina... Curiosidad
	de mujer. Usté ha venido…
	Dios se lo pague.
REYES.	¡Sí! Dios
	quiere tal vez por mi mano
	salvarte, Lorenzo, hermano;
	como de niños los dos
	ignoremos la distancia
	que nos separa. Yo quiero
	ser como entonces.
LORENZO.	Sí; pero
	yo no quiero[102].
REYES.	¡Qué arrogancia!
	¡Rey de la Sierra!

---

[101] No debemos dejar de notar cómo los personajes adscritos a la duquesa se refieren a Lorenzo como «rey de la sierra» y «rey de la serranía» (Bernardo, don Antonio, Reyes, el mismo Lorenzo), mientras que los hombres de Gallardo aluden a él como capitán (Paquirón, Pedro Cifuentes, Lobezno, Rocío y Reyes). Como prueba de que la duquesa se ha ganado el respeto de los bandidos, estos terminan llamándola *la capitana*.

[102] Esta reticencia de Lorenzo es la que nos incita a insistir, como hemos hecho en el estudio preliminar, en que si Lorenzo es gallardo en la argucia propia del forajido, en cambio, no lo es tanto en el terreno amoroso.

LORENZO.	¡Olvidar! ¿Cómo ignorar los destinos que han venido a transformar en salteador de caminos al niño del Olivar?
REYES.	¿Crees en el destino?
LORENZO.	Sí.
REYES.	¿De veras?
LORENZO.	Sí.
REYES.	Pues confiesa entonces hoy trajo aquí tu destino a la duquesa Reyes de Benamejí.
LORENZO.	Vete.
REYES.	¡Así!...
LORENZO.	Vete, por Dios.
REYES.	Ya te dije que he venido por ti.
LORENZO.	¡Por Dios te lo pido! ¡Vete!
REYES.	Vámonos los dos.
LORENZO.	Vete.
REYES.	¡Tu hospitalidad es famosa!...
LORENZO.	Yo no puedo dejar a mi gente.
REYES.	¿Miedo de que te maten?...
LORENZO.	Lealtad. Ellos su vida jugaron cuando a la mía se unieron, y los que ya la perdieron con su sangre me compraron. Ahora…

REYES.   A la infamia y la muerte
                no ata obligación ninguna.
                No. Y estoy yo por fortuna
                aquí para defenderte.
                Lorenzo, tú eres un niño…
                Como entonces… Yo también
                soy aquella niña. Ven,
                salvemos nuestro cariño.
                Ven. Estamos rodeados
                de tropas. Ya lo sé. Pero
                conozco cierto sendero.
LORENZO.   ¿Tú?
REYES.   Que ignoran los soldados.
                ¿Te asombra? Me lo enseñó
                la gitanilla… Tu amante
                celosa.
LORENZO.   ¡Ah!...
REYES.   Me reveló
                tanta cosa en un instante,
                que no puedo detestarla
                tanto como se merece
                y… con tal de no encontrarla
                a tu lado, me parece
                que podría perdonarla.
                Lorenzo, yo no sabía,
                yo no pensaba quererte
                así… Dije que venía
                a salvarte… Y vengo a verte
                porque sin ti no vivía.
LORENZO.   Ni yo, ¡mi reina adorada!
                Pero no tengo derecho
                a reclinar en tu pecho
                mi cabeza pregonada.
                Pero no puedo manchar

97

tu vida, verte, ni hablarte…
Yo solo puedo soñarte,
soñarte y no despertar.
Tú y yo…

REYES.   ¡Sí!
LORENZO.   No puede ser.
Si el mundo…

REYES.   Aquí solo son
un hombre y una mujer.
Y el mundo es el cascarón
de la almendra del querer.
¿Qué me importa?

LORENZO.   Yo he robado.
REYES.   A los ricos… Para dar
a los pobres.

LORENZO.   He matado.
REYES.   Por defenderse, matar
tampoco es grave pecado.

LORENZO.   Y vas tú a ser a mí unida
la querida de un ladrón.

REYES.   ¡Qué importa, siendo querida!
¡Lorenzo!

LORENZO.   ¡Reyes! ¡Mi vida!
¡Sangre de mi corazón!

(Caen uno en brazos de otro, y así permanecen hasta que los separa el ruido de las voces que se oyen cercanas.)

ESCENA VII

Dichos, en seguida Lobezno, Lara, Frasco José, Cifuentes, Paquirón y otros bandidos. Los dos primeros traen sujeto a Carlos

VOZ DENTRO.　¡Muera!

OTRA ÍDEM.　　　¡Quietos!

LARA.　*(Que viene delante para avisar.)*
　　　　　　　　　¡Capitán!...

LORENZO.　¿Quién se permite, qué es esto,
llegar aquí?

LOBEZNO.　*(Entrando con los demás.)*
　　　　　　　　　Es que…

LARA.　*(Mostrando a Carlos.)*
　　　　　　　　　Este hombre
pretende…　　　Soltadle.

LORENZO.　　　　　Soltadle.
(Los bandidos obedecen en el acto, pero mostrando extrañeza. Lorenzo se dirige al marqués, pero antes de que este responda lo detiene con el gesto para hacer a los bandidos la pregunta siguiente.)
　　　　　　　　　Espero,
señor marqués, el motivo
de esta visita. Un momento…
¿Por dónde llegó el señor
capitán?

LARA.　　　　　Por el sendero
de los Jarales.

LORENZO.　*(Rápidamente y viendo que ha sido descubierta esa senda por la tropa.)*
　　　　　　　　　Ahora
mismo, tú, Lara y Lobezno…

99

CARLOS.	Es inútil que los mandes a morir. Más de doscientos soldados os cierran toda salida.
LOS BANDIDOS.	¡Traición!
LORENZO.	¡Silencio! Hable usted. *(A Carlos.)*
REYES.	*(Queriendo explicar a su primo.)* Carlos…
CARLOS.	*(A Reyes.)* No temas. Traigo tu rescate.
REYES.	Pero ¡si yo soy libre!
CARLOS.	*(Severamente.)* Tú eres presa de estos bandoleros. De otro modo, ¿cómo tú aquí en la sierra con ellos?...
LORENZO.	*(Aceptando la explicación del marqués.)* Dice verdad. Pero yo renuncio al rescate.
PEDRO CIFUENTES.	*(A Frasco José.)* Bueno, el capitán está loco.
FRASCO JOSÉ.	¡Calla, idiota!
LORENZO.	*(A Carlos.)* Y solo quiero que la ponga usted a salvo, antes de que comencemos la pelea. *(A los bandidos.)* Devolvedle sus armas.
LARA.	Pero…
LORENZO.	¿Qué es eso?, ¿quién rechista? ¡Devolvedle las armas he dicho!
FRASCO JOSÉ.	*(Devolviéndole a Carlos sable y pistolas.)* Hecho.

	(A Lorenzo.) Tú mandas… pero sería mejor quitarlo de en medio. Ese hombre trae una mala faena dentro del cuerpo.
CARLOS.	*(A los bandidos.)* Escuchadme.
FRASCO JOSÉ Y LOBEZNO.	¡Fuera!
LORENZO.	*(Con terrible autoridad que los bandidos acatan y se callan.)* Oídle.
REYES.	*(Acercándose a su primo y tratando de conquistarle para que deponga su severidad.)* Mira, Carlos, tú eres bueno, militar, no polizonte… Deja a esbirros[103] y sabuesos de la justicia… Esta gente no es mala.
CARLOS.	Tanto lo creo, que traigo el perdón de todos, a una condición.
LARA.	*(Con expectación.)* ¡Ah!
FRASCO JOSÉ.	*(Sospechoso y hostil.)* Pero, ¿esa condición?
LORENZO.	¡Callad! El que viene a parlamento es sagrado en su persona. Con atención y respeto se le ha de oír.

---

[103] *esbirros*: oficiales inferiores de justicia que se encargaban de prender a los delincuentes.

CARLOS.	*(Impertinente y provocativo.)*
	No es a ti
	a quien he de hablar.
LORENZO.	*(Sereno.)*
	A ellos,
	ya lo sé.
CARLOS.	*(A los bandidos.)*
	Podéis matarme…
LORENZO.	No tenga cuidado.
CARLOS.	Pero
	de nada os valdrá. Mi gente

de nada os valdrá. Mi gente
conoce ya los secretos
de la sierra. Nadie piense
en escapar. Como a perros
rabiosos se os dará muerte,
y, en un círculo de hierro
encerrados, resistir
es vano. Mas yo os ofrezco
la vida y la libertad
si me entregáis a Lorenzo
Gallardo. Para él no alcanza
el perdón. Y vivo o muerto
he de darlo a la justicia.
¿Qué respondéis?
(En los bandidos hay un primer movimiento de estupor, luego de duda en unos, de indignación en otros.)

LORENZO.   *(A los bandidos.)*

Un momento.
Fijaos bien. Es la vida
y la libertad. No creo
que os intimide el combate
que este hombre os anuncia. Tengo
pruebas de vuestro valor

que él ni se imagina. En eso
se equivoca. El corazón
de la sierra es siempre nuestro.
Para los veinte que somos
haría falta un ejército.
Pero… es verdad. En la lucha
muchos caerán, y aunque en ello
no penséis, pensad qué vida
os aguarda, siempre huyendo
de la justicia, malditos
de los hombres, y no quiero
decir que de Dios, que Él es
de otro modo justiciero.
Entregadme.

FRASCO JOSÉ. *(Tajante.)*

                              ¡No!

LARA. *(Vacilante.)*

                              Tú quieres
probarnos…

LORENZO.   De sobra os tengo
probados.

PEDRO   Mas…
CIFUENTES.

LORENZO.   A mí nada
me debéis. Todo os lo debo
por la sangre que vertisteis
a mi lado. Y aunque creo
no haber ahorrado la mía
y aunque siempre fui el primero
en el combate y el último
en el botín, yo me llevo
la gloria (esta triste gloria)
de la que solo un reflejo
os alcanza: vuestros nombres

se ignoran. De vuestros hechos
¿qué queda? Una cruz al borde
del camino o el ejemplo
de una ejecución. En tanto,
días sin paz, noches sin techo,
vagar de fieras. ¿No estáis
cansados?

LOBEZNO.   ¡No!

LARA.   Yo…

REYES.   *(Llena de ansiedad viendo que algunos*
vacilan.)

                                 ¡Lorenzo!...

PAQUIRÓN.   Pero tú…

LORENZO.   ¡No vaciléis!
Es la vida, ¡bien supremo!
Solo el que adora imposibles
puede verla con desprecio.
Vosotros…, para vosotros
todo es en el mundo nuevo.
Tú, Esteban, a quien aguarda
en la casita del huerto
la serrana más bonita.
Tú, Juan, por tus padres viejos,
hartos de llorar, que no
duermen por no ver en sueños
un patíbulo…
(Movimiento de vacilación en el grupo de
bandidos.)
                        ¿Aun dudáis?
Acercaos… No me defiendo
siquiera. Tomad. Mis armas.
¿Qué teméis?... Yo, satisfecho
de serviros de rescate,
voy a la muerte contento.

¡Acudid!
(Pero en este momento Reyes, transfigurada, se interpone entre Lorenzo y su gente y se dirige a Carlos.)

REYES.   ¿No te conmueve
tanta nobleza?

CARLOS.   *(Seco. Inflexible.)*
No. Espero
su respuesta. *(Por los bandidos, a los que interroga con la vista.)*

REYES.   ¡Ah, miserable,
yo te la daré por ellos!

CARLOS.   ¿Tú, Reyes?...
(Estupefacto y despechado.)

REYES.   Sí. Tú pretendes,
en un instante supremo
de angustia para estos hombres,
que caigan en el más negro
crimen, en la ingratitud,
en la traición.
Pero ellos
no te temen… Ni se fían
de ti… Saben que tu intento
es privarlos de su jefe
para aniquilarlos luego
sin compasión.

CARLOS.   Mi palabra
doy.

REYES.   No es la de un caballero.
El que alienta traiciones,
las hace.

LARA.   *(A Paquirón.)*
¿Eh?

PEDRO   *(A Lara.)*

105

CIFUENTES.	Acaso…
FRASCO JOSÉ.	*(A todos.)*
	¡Cierto!
LORENZO.	*(Queriéndola descartar del asunto.)*
	Duquesa…
REYES.	*(A los bandidos refiriéndose siempre a Carlos.)*
	No lo creáis.
	Miente.
LORENZO.	*(Sereno y firme a sus compañeros.)*
	No miente. Creedlo.
FRASCO JOSÉ.	No importa. Contigo siempre.
REYES.	Bien dicho. Así hablan los buenos.
	Yo no soy más que una débil
	mujer y yo lo defiendo.
	¿Lo abandonaréis vosotros?
VARIOS BANDIDOS.	¡No!
OTROS.	¡Nunca!
REYES.	¿Quién es el perro
	que vende a su capitán?
TODOS.	¡Viva el capitán!
CARLOS.	Lorenzo
	Gallardo, otra vez te escondes
	detrás de una mujer. Pero
	no ha de valerte. Tú arrastras
	a todos tus compañeros
	a la muerte.
LORENZO.	Yo…
CARLOS.	Y no excusas
	la tuya.
LORENZO.	¡Ah, ya lo veremos!
	(Seguro ya de los suyos.)
CARLOS.	Ven, Reyes.

REYES.	*(A Carlos.)*
	¿Contigo? ¡Nunca!
CARLOS.	¿Te niegas? *(Amenazador.)*
REYES.	¿Que si me niego?
	¿No ves que lo adoro?
CARLOS.	*(Furioso.)* ¡Reyes!
REYES.	¿No ves que lo adoro, necio?
	Y vete que no respondo
	de nuestra paciencia.
FRASCO JOSÉ	Eso.
Y LOBEZNO.	¡A escarmentarlo!
LORENZO.	*(Cogiendo vivamente una pistola y encañonando a Frasco José.)*
	El que dé
	un paso hacia ese hombre es muerto.
	(Y luego dirigiéndose a Carlos.)
	¿Algo más?
CARLOS.	*(Terrible y amenazador.)*
	Nada. La guerra
	sin cuartel.
LORENZO.	Así la quiero.

(Carlos se va sin volver la cabeza en busca de sus soldados, con los que volverá muy pronto. Lorenzo contiene aún con un gesto a su gente, y, al volverse a ellos, se encuentra en brazos de Reyes.)

TELÓN

ACTO TERCERO

La plaza del pueblo

CUADRO PRIMERO

ESCENA PRIMERA

(En un grupo de hombres y mujeres innominados se destaca el llamado Manuel García[104].)

HOMBRE 1º.	¡A ver si no es un contra Dios!
MUJER 1ª.	¡Un hombre tan joven!
HOMBRE 1º.	¡Y tan valiente!
MUJER 1ª.	¡Y tan guapo!
HOMBRE 1º.	Pero él sus buenas onzas de oro ha derrochao.
HOMBRE 2º.	Sin contar con las que tendrá escondías allá en la sierra…
M. GARCÍA.	Pues mientras él las tenga no le faltarán a ningún desgraciao que vaya a pedírselas por las buenas. Porque Lorenzo Gallardo ha sido siempre la providencia de los pobres.
HOMBRE 1º.	Esengañarse ustedes que to el que se mete a jasé de Providencia acaba malamente. Fue nuestro Señó y lo crucificaron… Por más que a este no lo he visto yo todavía con el corbatín ar cuello… Acordarse de la carse

---

[104] Para Rosa Sanmartín, Manuel García es «el alter ego de los autores, es el personaje testigo, el único de todos los personajes que aparecen en esta escena que lleva nombre. Se nos revela a través de él quién es el responsable de lo que va a ocurrir a continuación». SANMARTÍN, R., op. cit., p. 87.

	de Úbeda.
HOMBRE 2°.	Y de la escapatoria de Puente Genil…
M. GARCÍA.	Un paso de gracia. ¿De dónde sale usted, padre? –De confesar a Lorenzo Gallardo–. Tené mucho cuidao con él, que ese se os va por el ojo de una aguja.
HOMBRE 2°.	Y era él mismo.
M. GARCÍA.	Disfrazao de cura.
HOMBRE 2°.	Pero esta vez… Ha jecho ya muchas. Y luego el secuestro de la duquesa de Benamejí.
HOMBRE 3°.	Eso ha sío lo más gordo.
HOMBRE 2°.	Mala causa… Esos señorones tienen mucho poder. Y el tal secuestro…
M. GARCÍA.	¿Pero qué estáis diciendo? Si no hubo secuestro ni tal que le dio. La duquesa de Benamejí estaba enamoraíta perdía de Lorenzo Gallardo. Y fue ella misma a buscarlo a la sierra.
HOMBRE 3°.	¿Ella?... ¿Para qué?
M. GARCÍA.	Los he visto tontos, pero… ¿Para qué irá una duquesa a buscar a un bandolero en su propia cueva?
HOMBRE 1°.	¡Qué suerte de hombre! Una gran señora…
HOMBRE 2°.	¡Y una hembra juncal! [105]
HOMBRE 3°.	¡Qué suerte!, ¡qué suerte!
M. GARCÍA.	La perdición de Lorenzo sí que ha sido esa mujer.
MUJER 1ª.	¿Eh?...
M. GARCÍA.	Por defenderla a ella, por salvarla en la pelea con los soldaos le echaron a él mano. Más de media hora estuvo él solo defendiendo la entrá de la cueva, que tenía otra salida al

---

[105] *juncal*: gallarda, esbelta.

campo por donde se escapó la señora con lo más granao de la partida. Y a él lo cogieron por mor de[106] una piedra que se desprendió de la cueva y lo privó del sentío, que si no, desde allí acaba con toos los sordaos del marqués de Peñaflores.

HOMBRE 2º.	¡Qué valentía de hombre! Eso no lo hase naide.
HOMBRE 1º.	Eso lo hase un hombre enamorao…
M. GARCÍA.	Eso lo hase Lorenzo Gallardo y nadie más.
HOMBRE 1º.	Y a Pedro Cifuentes, ¿cómo lo cogieron?
M. GARCÍA.	Porque volvió a avisarle de que toos estaban en sarvo, mandao por la duquesa.
HOMBRE 1º.	Pero ella, si tanto lo quería, ¿cómo lo deja ahora abandonado?
HOMBRE 3º.	Ahora que lo ve perdío…
M. GARCÍA.	A lo mejor, satisfecho un capricho… Esa gente de la grandeza…
HOMBRE 1º.	Una mala gachí…[107]
M. GARCÍA.	Una…

ESCENA II

Dichos. Frasco José

FRASCO JOSÉ.	*(Que ha escuchado las últimas réplicas.)* ¡Mientes, Manuel García!
M. GARCÍA.	¡Frasco José!
FRASCO JOSÉ.	Sonsoniche[108]. Aquí no soy Frasco José. Me llamo Martín Pampano y vendo hortaliza.

---

[106] *por mor de*: por causa de.
[107] *gachí*: gitanismo con el sentido de mujer joven y hermosa.
[108] *sonsoniche*: silencio.

	Pero al que diga tanto así de la capitana… *(Enseñando una pistola que medio saca de la faja.)*
M. GARCÍA.	No s'ha menesté. Amigos. Y si de argo poemos valerte. ¿Qué hay qué hacer?
FRASCO JOSÉ.	Decirme cómo puedo yo ve un minuto a Lorenzo.
M. GARCÍA.	¿Verlo? Muy fasi.
FRASCO JOSÉ.	¿Cómo?
M. GARCÍA.	Poco tardará en pasar por aquí. Dos horas hase que lo sacaron de la carse pa la Audiencia, que es esa, y ahora lo volverán a la prisión. Pero te encargo que lo llevan entre soldaos con las bayonetas calás. De mo es que…
FRASCO JOSÉ.	A mí me basta con que él me vea para que esté advertío de mi presencia. Ni tengo órdenes de más…
M. GARCÍA.	Órdenes, ¿de quién?
FRASCO JOSÉ.	De quien puede darlas. *(Se retiran a un lado siempre conversando y sin perder de vista la puerta de la Audiencia, en espera de la salida de Lorenzo.)*

ESCENA III

Dichos. M. Delume, don Antonio, luego don Tadeo

DELUME.	¡Pero esa es la gesta de un caballero Bayardo!…[109] ¡Oh, yo le ruego, mi querido señor abate, de escribirme a París el suceso

---

[109] Pierre Terrail señor de Bayard (1476-1524) fue un noble francés que destacó como caballero en las guerras de Italia.

	de este asunto maravilloso!
D. ANTONIO.	Maravillas de amor, amigo Delume.
DELUME.	¡Oh!, el amor ¡espléndido! Con todo, una gran dama y un hombre así...
D. ANTONIO.	Un hombre así, mi querido capitán, empieza por ser un hombre y acaba por no parecerse en nada a los currutacos y pisaverdes[110] que ella ha conocido siempre. Esto puede servirle a usted de explicación..., a menos que prefiera no explicárselo.
DELUME.	Prefiero...
D. ANTONIO.	Pero aquí viene nuestro gran don Tadeo, que ha sido el juez de la causa. Algo podrá decirnos. ¡Eh, señor magistrado!
D. TADEO.	*(Que sale muy preocupado de la Audiencia, sobresaltado.)* Hola... ¿Eh? ¿Quién?... ¡Ah!, señor don Antonio, capitán Delume, buenos días; es decir, buenas tardes..., casi noches. Eso es ¡buenas noches!
D. ANTONIO.	Pero, ¿qué le ocurre, mi señor don Tadeo? Está usted desemblantado[111].
D. TADEO.	El maldito proceso del bandido Lorenzo Gallardo...
DELUME.	¿Y bien?
D. TADEO.	Convicto y confeso de todos sus crímenes, la sentencia de muerte ha de ejecutarse al amanecer... Digo..., a menos que... Y ojalá... Siempre me tocan a mí estos malos tragos. Y cuidado que yo..., por servir a la señora duquesa...
DELUME.	¿La ha visto usted? ¡Oh, mujer admirable!
D. TADEO.	Nadie ha vuelto a verla desde la famosa

---

[110] *currutacos* y *pisaverdes*: presumidos.
[111] *desemblantado*: con el semblante demudado.

	aventura. Se dice que fue a Sevilla, a encontrar al rey de paso para Madrid, a pedirle el indulto de Lorenzo Gallardo.
DELUME.	¿Y vuestro Fernando VII?
D. ANTONIO.	De nuestro amado monarca, M. Delume, puede temerse todo y hay poco que esperar. Entiéndalo cada uno como le acomode en este caso. Con todo, si nuestra duquesa se empeña… Con el rey o sin él…
D. TADEO.	¡Claro! Si su majestad quiere… Y todo es posible… Yo no digo que Lorenzo Gallardo sea en el fondo… un mal muchacho… Pero… Y si la señora duquesa…
DELUME.	¡Cómo siento partir sin besar la mano de nuestra ilustre y extraordinaria amiga!... También estrecharía la de ese pobre marqués de Peñaflores, a quien no envidio nada la captura y guarda del famoso bandido.
D. TADEO.	El señor marqués se pasa las horas estudiando el proceso de Lorenzo Gallardo… Ahí dentro queda.
D. ANTONIO.	Pero silencio. Aquí tenemos a nuestro héroe. *(Lorenzo atraviesa la plaza entre dos hileras de soldados. Todos se vuelven a mirarlo.)*
DELUME.	¡Hermosa planta!
HOMBRE 1º	Es Lorenzo. ¡Lorenzo Gallardo!
HOMBRE 2º.	El rey de la sierra.
MUJER 1º.	¡Qué doló de hombre!
MUJER 2º.	¡Dios te bendiga!
DELUME.	Pero tanta guardia…
D. TADEO.	Toda es poca según lo levantisco[112] que está el pueblo en su favor.

---

[112] *levantisco*: inquieto.

MUJER 1º.	Mirarlo, mirarlo. ¡Si parece el Cristo entre los sayones![113]
FRASCO JOSÉ.	*(Adelantándose a los soldados y tratando de detenerlos para que Lorenzo vea que está allí.)* ¿Se le pué preguntá a sus mercedes a quién llevan preso?...
SOLDADO 1º.	¡Atrás, paisano! *(Lo rechaza con el fusil.)*
FRASCO JOSÉ.	¡Oh, ladrón, maldita sea tu pellica![114] Si no te valiera… Pero él me ha visto y ya sabe que me tiene aquí. *(Suena un lejano toque de cornetas con llamada y tropa.)*
HOMBRE 1º.	¿Qué es eso? ¿Más tropa?
HOMBRE 2º.	No, los franceses. El regimiento que sale hoy.
HOMBRE 1º.	Vamos a verlos ir.
TODOS.	¡Vamos, vamos! *(Y unos tras otros despejan la plaza para ir hacia la salida del pueblo, desde donde han de marchar los franceses. Uno de los soldados queda de guardia a la puerta de la cárcel.)*

ESCENA IV

M. Delume, don Antonio y don Tadeo. Luego Rosita y Blanquita

DELUME.	Ea, pues, mi señor don Antonio. Cornetas francesas que suenan el adiós a España. Es con un verdadero sentimiento que yo la dejo ahora, cuando empezaba a conocerla, ¡oh!, y

---

[113] *sayones*: verdugos.
[114] *pellica*: vestimenta hecha de pieles finas y adobadas.

	a amarla de todo corazón. Pero es el regimiento que parte y he de ganar a toda prisa la compañía. Señor magistrado… *(Despidiéndose.)*
	(Blanquita y Rosita aparecen apresuradas.)
ROSITA.	Papá, papá…
D. TADEO.	*(Contrariado.)* ¿Qué desenvoltura es esta, niñas?
BLANQUITA.	Venimos a despedir al capitán.
ROSITA.	A desearle un viaje feliz.
BLANQUITA.	¿Nos permitirá acompañarle hasta el regimiento?
DELUME.	¡Cómo, pues! ¡Encantado!, mis adorables señoritas. Adiós, señor abate.
D. ANTONIO.	*Au revoir*[115], M. Delume. El mundo es más pequeño de lo que parece. Vaya, le acompañaremos nosotros también. ¿Viene usted, don Tadeo?
DON TADEO.	Sí, sí.
DELUME.	Cuánta gentileza.
BLANQUITA.	¿Y nos escribirá desde París?
DELUME.	Seguro.
ROSITA.	Pero…, ¿a las dos?
DELUME.	¡Perfectamente!

ESCENA V

Rocío y el centinela

ROCÍO.	Señor militar…

---

[115] *au revoir*: adiós. Curiosamente, los hermanos Machado no han explotado la posibilidad de incorporar galicismos aprovechando la presencia del capitán Delume. En boca de este solo hemos reconocido dos: *jardín* y *tropa*.

CENTINELA.	¿Qué buscas tú aquí? ¡Fuera!
ROCÍO.	No se enfae su mercé tan pronto ni me ponga esa bayoneta ar pecho. ¿No le da a usté lástima la probe gitana?
CENTINELA.	Con el centinela no se habla.
ROCÍO.	¿Ni pa desirle to lo buen mozo que es?
CENTINELA.	*(Humanizado.)* Pero, vamos a ver, chiquilla, ¿qué es lo que tú quieres?
ROCÍO.	Ver al preso.
CENTINELA.	¿A Lorenzo Gallardo? ¿Vas a echarle la buenaventura? Bien fácil es adivinarle el porvenir. En capilla está, para cuando amanezca…
ROCÍO.	¡Eh! ¡No…, no!
CENTINELA.	¿No? Mira por ese ventanillo… Confesando está con el padre Francisco. Pero…, ¿cuidao, eh?
ROCÍO.	*(Se asoma al ventanillo y llama a Lorenzo.)* ¡Lorenzo!
CENTINELA.	*(Retirándola a la fuerza del ventanillo.)* ¡Ah, ladrona, tú quieres que me fusilen! ¡Quita de ahí!
ROCÍO.	Por lo que usté más quiera, déjeme usté decirle una palabra…
CENTINELA.	*(Inflexible.)* ¡Largo!
ROCÍO.	¡Ah, perro maldito!... *(Y empujada por el centinela da unos pasos vacilantes por la plaza a tiempo que Frasco José, saliendo de ella, la sujeta por un brazo con mano de hierro.)*

ESCENA VI

Rocío y Frasco José

FRASCO JOSÉ.	¡Che!...[116] ¡No corras tanto, paloma, que ya has llegado!
ROCÍO.	¡Frasco José!
FRASCO JOSÉ.	Calla, condenada. ¿Qué haces tú lobeando por aquí a estas horas?
ROCÍO.	No me pegue usté. Yo he venío pa salvar a Lorenzo aunque me cueste la vía.
FRASCO JOSÉ.	¿Salvarlo tú, maldita víbora?[117] ¿Pues quién tiene la culpa e to?...
ROCÍO.	Es que yo…
FRASCO JOSÉ.	¿Quién le enseñó a los sordaos el sendero de los Jarales?
ROCÍO.	Escuche usté.
FRASCO JOSÉ.	¿Quién le dijo al capitán Peñaflores que estábamos en el calvero de la cueva? Pero ya has acabao de traiciones y maldades… *(La amenaza con el puño y ella queriendo arrodillarse implora.)*
ROCÍO.	No, ahora no. Y na me importa morí… Pero ahora hay que salvar al capitán. Por Undebé[118] le juro que cuando esté libre yo misma iré a pedirle que me mate… Pero antes hay que salvarlo… Misté[119], yo le traigo este cuchillo y se lo iba a echar por la ventana.

---

[116] *che*: interjección para llamar, detener o pedir atención a alguien, o para mostrar asombro o sorpresa.

[117] En un orden cada vez más degradante, Frasco José califica a la gitana como *paloma*, *lobeando* (andar como los lobos, al acecho y persecución de alguna presa) y *víbora*. Luego será Lorenzo quien se refiera a Rocío con este último sustantivo valorativo.

[118] *undebé*: gitanismo con el significado de "Dios".

[119] *misté*: mire usted.

(Frasco José cogiéndole la mano y mirando el cuchillo.)

FRASCO JOSÉ. Bueno es, fino y sobrao pa cortarte la cabeza. Si no fuera por lo que es y porque más importa disimular…

ESCENA VII

Dichos. La duquesa, que viene vestida de hombre y embozada en su capa[120], y Bernardo

(La duquesa pone la mano en el hombro a Frasco José y le dice.)

REYES. Importa más y hay que hacerlo mejor.

FRASCO JOSÉ. ¡Eh!... ¿Y a usté, quién?... ¡Ah!, perdón, capitana. Con ese traje…, ¿quién iba a desí? ¡Vaya! ¡Un mozo juncal!

ROCÍO. ¡La duquesa de Benamejí!

REYES. Silencio. Suelta a esa mujer.

FRASCO JOSÉ. Mejor sería despacharla y…

REYES. ¿Replicas?

FRASCO JOSÉ. Su Excelencia manda. *(Soltando a la gitana inmediatamente, pero muy a disgusto.)* Pero se irá a denunciarnos a la tropa.

REYES. Aquí espero yo a su jefe. Ni favor ni daño puede hacernos esa infeliz.

FRASCO JOSÉ. El cuchillo…

REYES. Déjaselo. Tenemos armas de sobra.

ROCÍO. ¡Muy segura está usté de to!

REYES. Mucho.

---

[120] También en *Desdichas de la fortuna o Julianillo Valcárcel*, Leonor busca a Julián vestida de hombre. En esta ocasión, de caballero con larga capa (Acto tercero, Escena VI).

ROCÍO.	Déjeme usté, ¡por Dios!, que la acompañe, que l'ayude a salvarlo. No puedo yo hacer na, ¿na?...
REYES.	Nada.
ROCÍO.	Pero…
REYES.	Irte y no estorbar, que necesitamos el tiempo.
ROCÍO.	*(Apartándose desesperada.)* ¡Ah! Pero no serás tú, ¡no serás tú! ¡Por estas!
FRASCO JOSÉ.	¿Eh? *(Va a cogerla de nuevo.)*
REYES.	*(Deteniéndole.)* Déjala. A lo que importa. *(La gitana se va mirando rencorosamente a la duquesa.)*

ESCENA VIII

Reyes, Frasco José y Bernardo

REYES.	¿Los caballos están listos?
FRASCO JOSÉ.	Fuera del portillo y cerca de la salida trasera de la carse. Hemos tenío que disimularlos entre unos árboles porque allí mismo están formaos los franceses que se van para su tierra.
REYES.	¿Cuándo salen?
FRASCO JOSÉ.	Ya mismo. Pero irán despacio y…
REYES.	Mejor que mejor.
FRASCO JOSÉ.	¿Eh?
REYES.	Nada. Ya te diré. ¿A qué hora amanece?
FRASCO JOSÉ.	Sobre las cinco.
REYES.	A las cuatro estaremos en la entrada del claustro viejo de la cárcel. Nosotros, Lara y Lobezno. Nadie más.

FRASCO JOSÉ.	Ellos dos están allí ya al cuido del ganao. Por cierto que la jaca del capitán…
REYES.	¿Qué?
FRASCO JOSÉ.	Paese que barrunta[121] a su amo según está de briosa.
REYES.	Bien está. Pero antes… Bernardo…
BERNARDO.	*(Acercándose.)* Señora duquesa.
REYES.	Y tú, Frasco José, los dos vais a esperarme ahora en el camino real, poco más allá de la salida del pueblo. Si antes que yo, llegara un jinete del lado de Sevilla, le echáis el alto y le decís de mi parte que ha de esperarme allí con vosotros.
FRASCO JOSÉ.	Y ¿si no quiere?
REYES.	Lo convencéis vosotros.
BERNARDO.	¿Por las buenas?
FRASCO JOSÉ.	O por las malas.
REYES.	Pero solo en último caso y sin hacerle el menor daño. Ese hombre trae órdenes del rey que deben ser para mí.
BERNARDO.	Y por si fueran para otro…
REYES.	Eres sagaz, Bernardo. No me pierdas de vista a Frasco José.
BERNARDO.	¿Duda la señora de él?
REYES.	Al contrario. Pero es demasiado violento y la cosa ha de hacerse sin el menor ruido. Frasco José, se trata de la libertad y la vida del capitán. Si se jugara la nuestra…
FRASCO JOSÉ.	Para eso siempre tengo yo dinero de sobra y poco se me da perderlo.
REYES.	Pues ahora hay que ganar.
BERNARDO.	Tiene razón Su Excelencia. El valor hace falta para vivir, Frasco José. Para morí lo

---

[121] *barrunta*: presiente.

	tenemos toos, más tarde o más temprano.
REYES.	Conque ¡en marcha!, y ya sabéis. Antes de una hora me tendréis allí.
FRASCO JOSÉ.	¡Viva la capitana!
REYES.	Silencio… Andando. *(Vanse.)*

ESCENA IX

Reyes y Carlos, que sale de la casa Ayuntamiento

REYES.	Carlos.
CARLOS.	Reyes. ¡Tú!... En ese traje…
REYES.	¿Qué te importa? Escucha.
CARLOS.	Es verdad… Pocas palabras. Di.
REYES.	¿No me darás el prisionero?
CARLOS.	No.
REYES.	¿Tanto le odias?
CARLOS.	Ni odio… ni amor sé ya lo que son. No tengo otro sentimiento que el de mi deber.
REYES.	¡Carlos!
CARLOS.	Si antes del día no recibo orden en contra, Lorenzo será fusilado al salir el sol.
REYES.	Recibirás la orden.
CARLOS.	¿Cómo?
REYES.	Es mi secreto.
CARLOS.	Pues que llegue antes de amanecer. Si no…
REYES.	¡Carlos!
CARLOS.	¡Reyes!
REYES.	¡Adiós!
CARLOS.	¡Adiós! *(Carlos se va por el fondo. El centinela, al pasar su capitán, tercia el arma. La duquesa sale por la primera derecha que costea la prisión. Después de*

caer el telón se oye una música militar de marcha. Es el regimiento francés que sale del pueblo.)

TELÓN

CUADRO SEGUNDO

La Prisión

Un salón destartalado con ancha portalada al fondo que da acceso a la plaza. Puerta pequeña a la izquierda, que comunica con otras dependencias de la cárcel. A la derecha, otra puerta mayor y cerrada que da al claustro. Una mesa contra la pared, y sobre ella un farol que ilumina un cuadro religioso. A un lado un camastro de tablas con jergón[122] y almohada

ESCENA PRIMERA

Lorenzo y Pedro Cifuentes

LORENZO. ¿En qué piensas, Perico?

PEDRO CIFUENTES. ¿En qué ha de pensar un condenado a muerte? Pienso en la vida que nos van a quitar, si Dios no lo remedia.

LORENZO. ¿Te duele mucho perderla?

PEDRO CIFUENTES. Me duele, ¡claro!... Eso de que lo ahorquen a uno a la fuerza, y como si entoavía le hicieran a uno un favor, no tiene maldita la gracia. Por eso yo cavilo y cavilo, y le doy muchas vueltas en la cabeza, a ver si le encuentro alguna compensación… Porque un filósofo −¿y qué he sido yo pa mi forro interno durante toda mi existencia?− no puede dejar de meditar ni en las

---

[122] *jergón*: colchón de paja, esparto o hierba y sin bastas.

circunstancias más despeluznantes[123]. Yo me pregunto: ¿qué es eso de quitarle a un prójimo la vida? Dejemos a un lado la faena del verdugo, que no debe tener mucha complicación, y la sentencia del juez, donde constan algunas de las barrabasás[124] que hemos hecho y otras que no hemos hecho, y váyanse por las que hemos hecho y no constan... Nada de eso me preocupa a mí en este momento; todo es petaca minúscula[125], que se queda del lado de acá pa los autores de aleluyas y de romances de ciego[126].

LORENZO.

Tú quieres saber lo que va a ser de ti después de muerto.

PEDRO CIFUENTES.

Eso es lo que yo quisiera saber... por anticipao. Porque ese viaje al otro mundo, que todos tenemos que hacer algún día, a mí me lo anticipan unos señores muy serios y muy tranquilos, que debieran tener conciencia de lo que hacen. Es verdad que nosotros también hemos despachao a más de un prójimo para el otro barrio; pero ha sido en defensa de la propia pellica y sin tiempo pa reflexioná... En fin, yo le pregunto al padre Francisco, y me dice: hay que resignarse con la voluntad del Altísimo. ¡La

---

[123] Dándosela de filósofo, hasta el último momento hallamos vulgarismos lingüísticos como este para hacer referencia, en este caso, al adjetivo *espeluznantes*.

[124] *barrabasada*: acción que produce gran daño o perjuicio.

[125] Quiere decir *peccata minuta*: locución latina con el significado de "faltas pequeñas" usada con el sentido de "error o falta leve".

[126] Las aleluyas son estampas acompañadas de unos versos pareados al pie. Por su parte, romances de ciego o coplas de ciego son romances de origen popular que tratan asuntos terroríficos o sucesos insólitos.

	voluntad del Altísimo, esa es la que yo quisiera conocer, y la verdá es que no la veo por ninguna parte!
LORENZO.	Descreído eres. ¿No tienes miedo a condenarte?
PEDRO CIFUENTES.	Miedo no me falta, Lorenzo. Si todo puede ser en este mundo, ¿qué no podrá ser en el otro? Pero me resisto a creer que me traten allá peor que aquí, donde me van a apretar el gaznate[127].
LORENZO.	Calla, Pedro; me entristece oírte. Tú no crees en más vida que esta.
PEDRO CIFUENTES.	No, Lorenzo, creo en la otra, pero, por mucho que cavilo, no me la puedo imaginar.
LORENZO.	*(Después de una pausa.)* Para ti habrá indulto, Pedro.
PEDRO CIFUENTES.	Tu buen deseo… Eres grande, Lorenzo. ¡Cuánto has trabajado para salvarme! ¡Echaste sobre ti las culpas de toda la banda!
LORENZO.	No, Pedro… Vosotros no tuvisteis más voluntad que la mía. Además el marqués os ofreció el perdón a cambio de entregarme. No lo quisisteis.
PEDRO CIFUENTES.	¡Claro! Y quieres tú que me arrepienta yo a estas horas de lo único decente que he hecho en toda mi vida… Eso sí que no tendría perdón de Dios. Lo que sea de ti, que sea de mí… Pero dime, Lorenzo, ¿cómo te imaginas tú el otro mundo? No me digas na de lo que aprendiste en el seminario, que pa eso ahí está el padre Francisco, que lo tendrá más fresco, por razón de su oficio. Dime lo que tú piensas cuando te pones a cavilar en

---

[127] *gaznate*: garganta.

	ese rincón o, mejor, lo que sueñas cuando te quedas dormido[128].
LORENZO.	Mis sueños son muy tristes, Pedro. Sueño a veces en una tierra pelada cerca de la mar. Y me pregunto: ¿quién me trajo hasta aquí? ¡Qué lejos debo estar!... Una tierra sin ella, solitaria y maldita, donde se espera sin esperanza. Otras veces, sueño caminar por la sierra, de monte en monte, de barranco en barranco, con el ansia y la ilusión de encontrarla, porque las rocas lejanas, heridas por el sol, me recuerdan el palacio de Benamejí. Sí, allí está ella, la capitana, como le llamabais vosotros, esperando al rey de la sierra. Y al llegar solo encuentro unas peñas grises cubiertas de musgo. Pero, más lejos y más alto, se me aparece otra vez... ¿Quién subirá hasta ella? Entre nubes doradas, la diosa de los montes, con un río en los brazos, me sonríe y me espera... Y es una peña fría donde brota el agua. Así, Pedro, sueño yo ese mundo, donde otros buscan a Dios, y yo –¿será Él tan grande que me perdone?– solo la busco a ella.
PEDRO CIFUENTES.	Todo eso quiere decir que ni dormido ni despierto puedes tú concebir más mundo que este, el de la capitana. Ahora comprendo por qué dejaste tú los latines y te echaste a andar por el barro. No me sirves tú pa sacarme de

---

[128] Para Enrique Díez-Canedo, esta escena en la capilla «tiene una graciosa y honda metafísica de claro abolengo tradicional hispano». "Español: 'La duquesa de Benamejí'. Comedia dramática de Antonio y Manuel Machado". En: *El Sol*, Año 16, n. 4564, 27 de marzo de 1932, p. 5.

dudas, ni pa iluminarme las cavilaciones. Y entoavía me das tú menos consuelo que el padre Francisco. Porque el padre Francisco viene a decirme, a vuelta de muchos latinajos: este mundo, que a ti te parece tan grande, es una jaula indecente, donde na de lo que veas vale un pepino. La gracia está en salir de ella. Si te van a abrir la puerta y a echar fuera, aunque sea a empellones[129], ¿de qué te quejas, condenao? Y habría que darle la razón, si no estuviera tan seguro de lo que dice. Pero tú, Lorenzo de mi alma, tú quieres volar con la jaula a cuesta, te la quieres llevar al otro barrio. Tienes tú más motivos que yo para desear el indulto. Yo, en lugar del Altísimo, te lo proporcionaba... o mejó otra escapatoria como la de marras, en la cárcel de Úbeda. ¿Qué te parece?

LORENZO.

No, Pedro, te equivocas; ni espero el indulto, ni deseo escaparme. Eso sería más triste que mis sueños.

PEDRO CIFUENTES.

No te comprendo.

LORENZO.

Porque allí la busco sin encontrarla; pero aquí... tendría que huir de ella. No, que se cumpla mi sentencia; y que ella me olvide. Fue una locura, Pedro, una locura... ¿Oyes?

PEDRO CIFUENTES.

Otra vez han abierto el portón. ¿Será el padre Francisco? Quédate tú con él. Yo voy a ver si entoavía puedo dormir un rato. Será un sueño de despedida. *(Se retira a la habitación de al lado.)*

---

[129] *a empellones*: a empujones.

ESCENA II

Lorenzo, Reyes y el carcelero que se queda en el claustro
después de abrir la puerta a la duquesa

(Reyes viene envuelta en su capa, de la que no se desemboza
hasta que se queda sola con Lorenzo.)

LORENZO. ¡Tú!

REYES. ¡Yo!

LORENZO. ¿Cómo?

REYES. Ahora sabrás.
Ni pensé que te cogiera
tan de improviso.

LORENZO. No…, mas…

REYES. ¿Acaso es la vez primera
que llego donde tú estás?
¿Te asombras de verme ufana
en este traje aquí hoy?
Pero tú olvidas que soy,
capitán, tu capitana.

LORENZO. Oye…

REYES. ¿Pudiste creer
que te abandonaba?

LORENZO. ¡Oh!...

REYES. Pero entonces, ¿qué mujer
te figuras que soy yo?

LORENZO. Mi reina, y la gloria mía.

REYES. Pero…

LORENZO. Deja que te mire,
que te sienta y te respire.
¡Ya puede venir el día;
ya puede el sol de mi muerte
salir. Yo solo tenía

miedo de morir sin verte!

REYES. Morir, ¿qué dices?

LORENZO. Morir.
Nada… o todo. No lo sé.

REYES. ¿Y tú no comprendes que
yo empiezo ahora a vivir.
Que mi corazón estaba
dormido y se despertó
al verte, que yo soñaba
con algo que no acababa
de llegar y que llegó
contigo la noche aquella
que a mi palacio viniste,
Lorenzo, y me sorprendiste
preguntándole a mi estrella
por qué era vivir tan triste?
¿No te diste cuenta, di,
de que era tuya del todo,
y tú todo para mí?
Y yo no sé de qué modo
ha sido, pero es así.
Morir… ¿Acaso te pesa
nuestro amor?

LORENZO. ¡Oh, Reyes mía!

REYES. ¿No quiere ya a su duquesa
el rey de la serranía?

LORENZO. ¡No quererte! ¡Ah! No quererte
sabes que no puede ser.

REYES. Lorenzo…

LORENZO. Pero el querer
solo lo salva la muerte.
¿Qué fuera al cabo tu vida
conmigo, la triste historia?
¿Qué fuera, dime?

129

REYES.	¡La gloria!
LORENZO.	Tú deshonrada y perdida
	para los tuyos.
REYES.	¡Lo mío
	eres tú!
LORENZO.	Pero tu fama…
REYES.	Rey de la sierra te llama
	el pueblo; a mi rey confío
	mi fama.
LORENZO.	Yo…
REYES.	Y te confieso

que arriesgarla no me aterra,
ni se ha de asustar por eso
la que fue a llevarte un beso
al corazón de la sierra.
		(Pausa y transición.)
Y más tiempo no perdamos;
desde que libres por ti
los tuyos y yo quedamos,
Lorenzo, solo pensamos
en arrancarte de aquí.
Y todo está prevenido;
armas te traigo y dinero,
y además he convencido
a ese pobre carcelero
de que es mejor ser bandido.
Las puertas nos abrirá
a la hora convenida
y con nosotros vendrá.
Uno más en la partida,
		¿qué más da?
Y ahora escucha. He visto al Rey,
y aunque el indulto negó
que le pedía, él halló

modo de burlar la ley
a su modo, y me ofreció
enviar esta noche aquí
–yo sé que lo cumplirá,
porque él espera de mí
lo que no recibirá–
un salvoconducto, que
te ha de abrir todo camino
hasta el punto de destino
que yo misma señalé[130].

LORENZO.   ¿Cuál?

REYES.   Málaga. Nos iremos
a las Antillas tú y yo,
y al rey desde allí diremos
que le reconquistaremos
la América que perdió.
Tú hablas de fama y renombre
y grandeza y poderío,
como si eso fuera mío
y no tuyo… Pero un hombre
a quien quiere una mujer
como yo te quiero a ti,
¿tú sabes, Lorenzo, di,
todo lo que puede hacer?...
Todo es fácil al fecundo
aliento de la pasión.
Quien conquista un corazón
puede conquistar el mundo.

---

[130] Se tiene noticia de algunas partidas de bandoleros indultados por el rey Fernando VII. Por ejemplo, el del bandido de Estepa Juan Caballero, "Frasquito el de la Torre", José Ruiz Permana. Después del indulto del famoso José María "el Tempranillo", este pasó a comandar un cuerpo de tropas que se creó en Andalucía para erradicar el bandolerismo. Véase SANTOS TORRES, José. "Una historia del bandolerismo en la comarca de Osuna". En: *Archivo hispalense: revista histórica, literaria y artística*. 2ª época, Tomo 62, n. 190, 1979, p. 159.

	Los mejores de tus gentes,
	en nuestra compaña irán,
	decididos y obedientes.
	Tu puñado de valientes
	seguirá a su capitán.
	Conque ya lo sabes… Yo
	volveré antes de la aurora.
LORENZO.	¡Adiós, mi vida!
REYES.	Adiós, no.
	¡Hasta ahora!
	¡Morir!
LORENZO.	¡Morir, no! ¡Soñar
	en tus brazos!
REYES.	¡Suelta, quita!
	¡No quiere ya a su nenita
	el niño del Olivar!

(Se arranca de los brazos de él y sale por la puerta del claustro que el carcelero dejó abierta y que cierra después que la ve marchar.)

ESCENA III

(Lorenzo, que pasea por la celda dando señales de agitación. Pedro Cifuentes, que ha escuchado la escena anterior, desde la estancia inmediata.)

LORENZO.	Pedro.
PEDRO CIFUENTES.	Presente. *(Apareciendo.)*
LORENZO.	¿No dormías? *(Con extrañeza.)*
PEDRO CIFUENTES.	Soñaba despierto… con la capitana.

LORENZO.	¿Has oído?...
PEDRO CIFUENTES.	Todo. *(Reparando en la cara de Lorenzo, que expresa cierta contrariedad.)* Ver..., no he visto na. *(Con alegre efusión.)* Abrázame, Lorenzo. *(Lo abraza.)* Y déjame que respire este olorcillo a gloria. *(Por el perfume que ha dejado la duquesa.)* Algo ha de haber también pa mí. *(Después de una pausa y reparando en que Lorenzo no le hace caso.)* ¿Sabes lo que estoy pensando?
LORENZO.	¿Qué piensas, Pedro? *(Con cierto mal humor.)*
PEDRO CIFUENTES.	Que ahora empiezo yo a columbrar[131] la voluntad del Altísimo. Te va a dar una lección muy grande. Porque tú quieres a la capitana sobre todas las cosas de este mundo y del otro, que es algo así como faltar al primer mandamiento. ¡Cualquier día te absuelve a ti de ese pecao el padre Francisco! Pero Él, que es mucho más grande que el padre Francisco, te dice: aquí la tienes, más fresca que una rosa; anda con ella..., y a ver si algún día os acordáis de mí. *(Reparando otra vez en el creciente desasosiego de Lorenzo.)* Pero, ¿qué te pasa?
LORENZO.	Déjame, Pedro. Hablas sin tino.
PEDRO CIFUENTES.	Ya te dejo. *(Como herido por las bruscas palabras de Lorenzo.)* Pero parece como si te pesara la escapatoria.
LORENZO.	Me pesa su sacrificio, Pedro. Y me asombra esta alma de mujer, cien veces más fuerte que la mía. ¿No ves que ella renuncia a todo

---

[131] *columbrar*: divisar.

	por salvarme?
PEDRO CIFUENTES.	Por salvar al rey de la sierra. ¿O te has olvidado ya de quién eres? *(Cambiando de tono.)* Sí, te comprendo, Lorenzo. A ti te duele el sacrificio de ella, porque eres bueno y, además, porque estás más hecho a perder que a ganar. Hay otra razón. No me atrevo a decírtela…
LORENZO.	¿Cuál, Pedro?
PEDRO CIFUENTES.	Y te la voy a decir sin atreverme. *(Después de una pausa y encarándose con Lorenzo.)* Que tienes tú mucho orgullo, rey de la sierra. No quieres tú que haiga en el mundo un corazón más grande que el tuyo. ¡Paciencia, hermano! A to hay quien gane. Quisieras tú ser… el del sacrificio; quitarte de en medio y dejarla libre, pa que ella volviera a su vida empingorotá… Te la imaginas tú otra vez en su palacio, rodeá de señorones y lechuguinos[132], bailando minueses… ¡Qué bonito! No, Lorenzo; si ella lo deja to por ti, es porque, pa ella, vales tú más que to lo que deja. Si tú hicieras… lo que estás pensando, serías el hombre más desagradecío de este mundo. Guárdate eso, Lorenzo. *(Porque ha reparado en que Lorenzo se lleva la mano al arma que le ha entregado la duquesa.)*
LORENZO.	Razón tienes, Pedro, sí: vivir por ella y para ella.
PEDRO CIFUENTES.	Ese es tu deber; así se habla.

---

[132] *lechuguino*: Persona joven, muy interesada en su aspecto físico, que sigue rigurosamente la moda.

LORENZO.	¡La vida es bella!
PEDRO	Eso dicen. Yo ya estoy
CIFUENTES.	resignao y consentío;
	pero, si quieres, me voy
	también a favor del río
	revuelto. Si el carcelero
	se va a cambiar de papel
	y se mete a bandolero,
	o me deja irme con él,
	o me confía el llavero.

Pero eso es cuenta mía, y pa el caso de que pueda ser… ¡Y qué historia tan bonita se va a escribir de vosotros! Ya os veo de emperadores en Lima, ahora que a los virreyes les van dando permiso pa volverse. En serio; un abrazo. *(Lo abraza.)* Ánimo, que a veces hace falta más pecho pa lo bueno que pa lo malo.

LORENZO.	No ha de faltarme. Ya siento
	ansia de que vuelva. ¡Ver
	el sol y sentir el viento
	frío del amanecer,
	por esa bendita tierra
	de olivares, y cambiar
	los caminos de la sierra
	por los que llevan al mar!...
PEDRO	Bravo, Lorenzo. Yo no
CIFUENTES.	quisiera –si llego a irme–
	pasar la charca, que yo
	soy hombre de tierra firme.

Pero, como también me tira el agua, pondré una tabernilla donde nadie me conozca, y viviré tranquilo dedicao a mis cavilaciones.

LORENZO.	*(Interrumpiéndole bruscamente.)*
	Calla, Pedro. ¿No oyes?

PEDRO CIFUENTES.	*(Cifuentes, que no ha oído nada, guarda silencio unos momentos. Después de esta pausa suenan unas campanas lejanas.)* Son las campanitas de las monjas, que tocan el Avemaría.
LORENZO.	Sí, Pedro. Pero antes he sentido pasos.
PEDRO CIFUENTES.	Puede ser. Mas te advierto que por esos claustros nunca faltan ruidos, porque to lo hueco suena mucho. Vivimos en una jaula de madera podría, donde hasta las ratas parece que usan tacones.
LORENZO.	Escucha. *(Imponiendo silencio con el gesto.)*
PEDRO CIFUENTES.	*(Después de escuchar un momento. Ha cesado el ruido de las campanas.)* Ahora no se oye na. Pero me ha parecido ver algo, como una sombra, cruzar por ese ventanillo. Este caserón está embrujao. *(Nueva pausa. Vuelven a sonar las campanas.)* Las campanitas, las campanitas otra vez. *(Pedro Cifuentes y Lorenzo quedan un rato en silencio, hasta que cesa otra vez el ruido de las campanitas.)*
LORENZO.	Mira. *(Señalando al ventanillo, levemente iluminado por la luz del amanecer.)*
PEDRO CIFUENTES.	Sí, es el alba. *(Lorenzo pasea inquieto por la celda. Cifuentes lo contempla en silencio.)*
LORENZO.	¿Vendrá, Pedro? *(Con angustia.)*
PEDRO CIFUENTES.	Calma, Lorenzo. Vendrá.
LORENZO.	¡Dios lo quiera!
PEDRO CIFUENTES.	¿Temes algo?
LORENZO.	Por ella.
PEDRO	Yo, no; tiene quien la guarde.

CIFUENTES.	
LORENZO.	Calla. ¿Has oído?
PEDRO	Ahora, sí. Han abierto el portón.
CIFUENTES.	
LORENZO.	Silencio…
PEDRO	Y hablan con el centinela…
CIFUENTES.	
LORENZO.	Silencio…

ESCENA IV

Reyes, Bernardo, Frasco José y Lara

(Vienen por el claustro y se detienen junto a la puerta que da acceso a la celda. Rocío, que ya se ha ocultado detrás de una columna del claustro, aparece cuando lo indica el diálogo.)

LARA.	La verdá es que tenemos un rey pa to.
FRASCO JOSÉ.	¡Misté que da un papel pa que Lorenzo se salve y otro pa que lo afusilen en el acto!
REYES.	¡Y pensar que ese es el que nos ha servido hasta ahora!
FRASCO JOSÉ.	¡Cómo se cuadró el sargento al ver el sello real y la dirección al marqués de Peñaflores! Y es que, cuando Dios quiere, hasta el veneno se hace triaca[133].
REYES.	Cuando Dios quiere…
LARA.	Y cuando hay gracia y serenidad pa jasé bien las cosas.
FRASCO JOSÉ.	Eso, eso. ¡Viva la capitana! *(En esto aparece Rocío, llena de rencor y odio, y se*

---

[133] *triaca*: remedio de un mal.

	abalanza sobre la duquesa y le clava el cuchillo.)
ROCÍO.	*(Exclamando.)* ¡Muera la capitana!
REYES.	¡Ay! *(Al sentirse herida.)*
FRASCO JOSÉ.	¡Eh, tú aquí, maldita! ¿Qué has hecho?
ROCÍO.	Que Lorenzo se salve. Pero ¡sin ella!
FRASCO JOSÉ.	¡A ti sí que no te salva ya nadie! *(Frasco José sale empujando violentamente a Rocío y viéndose en él el decidido intento de matarla.)*
ROCÍO.	¡No importa! ¡Sin ella! ¡Sin ella!
REYES.	Dejarla. No es nada…
BERNARDO.	Pero…
REYES.	A salvar al capitán sin perder momento, y a Cifuentes. Ya sabéis que el carcelero es nuestro y vendrá también con nosotros. *(Con gran ansiedad.)* ¡Oh! ¡Tarda! *(El carcelero llega y abre la puerta de la celda. Todos se precipitan dentro.)* ¡Al fin! ¡Lorenzo!

ESCENA V

Reyes, Lorenzo, Cifuentes, Bernardo, Lara. Después Frasco José

LORENZO.	¡Mi alma!
REYES.	¡Ten! *(Y precipitadamente le entrega las órdenes.)* Es la vida y la libertad. Lee… No, ese no. Ese hubiera sido la muerte. Por fortuna, los dos cayeron a un tiempo en mis manos. Este: lee.
LORENZO.	*(Leyendo.)* «Daréis paso al portador de esta, sin inquirir nombre ni destino. Servicio

	secreto. El rey Fernando VII». Pero, mi bien, ¿qué tienes?... *(Reparando en su aspecto de sufrimiento que ella trata de disimular.)* ¡Esa palidez!...
FRASCO JOSÉ.	Está herida, capitán, acaso malherida.
LORENZO.	¡Eh! ¡No! ¿Dónde? *(Yendo hacia ella y buscando lleno de inquietud el sitio de la herida.)*
REYES.	No… es nada. ¡Vamos! El día… llega…
LORENZO.	Pero, ¿quién? ¿Quién?
FRASCO JOSÉ.	Esa perra gitana. Fue como un relámpago. A traición, con el maldito cuchillo. Yo he aplastado a la víbora. Ahí queda, detrás de unas matas, para los cuervos y los grajos. Pero ahora, la capitana…
LORENZO.	¡Mi vida, mi alma! A ver. *(Dando con la herida.)* ¡Sangre! ¡Corre a buscar un cirujano, el físico militar! ¡Corre!
CARCELERO.	Pero, capitán.
LORENZO.	Corre, vuela, o… *(Llevándose la mano a la pistola.)*
REYES.	No hay que perder un momento. El día llega… ¡Vamos! ¡Ay! ¡No puedo andar!... Lorenzo, llévame en tus brazos.
LORENZO.	Sí, ven. *(Va a cogerla.)*
REYES.	¡No puedo!... Déjame. ¡Sálvate tú, Lorenzo! ¡El día viene…, el día viene!... Y yo te traía la vida…
BERNARDO.	Mi señora…
PEDRO CIFUENTES.	La capitana…
LORENZO.	Silencio. Haceos allá… *(Cogiéndola con el mayor cuidado en sus brazos y echándola sobre el camastro que le sirve de lecho*

	ahora a la duquesa.)
REYES.	¡Sálvate, sálvate!
LORENZO.	No.

Contigo. *(Tocando su frente.)*
        Quema tu sien[134].

| REYES. | Pronto, a caballo… Yo…, yo |

iré a buscarte…

LORENZO.	¡Mi bien!
REYES.	Mi Lorenzo… *(Desmayándose.)*
LORENZO.	Niña mía,

perla de Benamejí,
despierta, como aquel día;
el rey de la serranía
está muy cerca de ti.

| REYES. | Muy cerca, así… |
| LORENZO. | Capitana, |

reina, diosa…

| REYES. | Adiós. Ya brilla |

—mira— una franja de grana.
Sí, yo iré… sobre la silla
de mi caballo, sin miedo
por esos montes… contigo,
más tarde… Ahora… no puedo.
Huye, sálvate.

| LORENZO. | Conmigo, |

siempre, siempre…

| REYES. | Capitán, |

te llama otra vez la sierra;
allí buscándote van
—¿ves?— tus hermanos de guerra.
Te llaman. Diles que no
renegué nunca de ti;
diles que esperen, que yo

---

[134] Véase nota 72.

saldré de Benamejí
para buscaros, mañana,
cuando sane de esta herida,
y que tendrán capitana
otra vez en su partida.
Vete… vete.
(Muere.)

LORENZO.   Desmayada,
sí, no más. Habla, ¡por Dios!
Y esta sangre… ¡Nada, nada!
En mis venas, reina amada,
hay sangre para los dos.
Soy yo, Lorenzo el bandido.
No arraiga roble en la tierra
más firme, ni más erguido
se eleva pino en la sierra.
El niño del Olivar
soy yo, sí; mi sangre toma,
que toda quiere saltar
a tu corazón, paloma.
Abre tus ojos, alienta;
respira con mi pulmón;
revive con la tormenta
de mi desesperación.
Mala víbora te ha herido.
¡Mil veces maldita sea!
¡Malhaya[135] quien lo ha querido!
¡Malhaya el sol que alborea!
¡Muda, quieta!... ¿Ya no mueve
tu pecho ni mi agonía?
Vidrio en tus ojos y fría
tu mano como la nieve.
Muerta, muerta.

---

[135] *malhaya*: interjección para expresar disconformidad, disgusto o molestia con algo.

	Pedro.
PEDRO	Hermano.
CIFUENTES.	
LORENZO.	Toma y vete.
	(Dándole el salvoconducto.)
	Yo no puedo
	dejarla. Yo aquí me quedo.
PEDRO	Quisiera besar su mano.
CIFUENTES.	¡Adiós, capitana!
	(Besando la mano de la muerta.)
	Adiós,
	Lorenzo.
	(Abrazándole.)
LORENZO.	¿La olvidarás?
PEDRO	Nunca, nunca.
CIFUENTES.	
LORENZO.	¿Llorarás
	por ella?
PEDRO	Sí. Por los dos.
CIFUENTES.	*(Vase.)*
BERNARDO.	De niña te conocí;
	te he visto mujer y hermosa,
	y reina en Benamejí;
	fuiste en la sierra mi diosa;
	déjame llorar por ti.
	(Y el pastor se arrodilla.)

ESCENA VI

(Dichos. El marqués de Peñaflores acompañado del padre Francisco y de un pelotón de soldados que quedan formados a

ambos lados de la puerta. Se ve parte de la plaza y un trozo de horizonte enrojecido por la luz de la mañana.)

CARLOS.   Lorenzo Gallardo, es
                la hora.
LORENZO.   Sea bienvenida.
P. FRANCISCO.   Hijo ¿te arrepientes?
LORENZO.   Pues,
                ¿qué hacer padre, de la vida?
P. FRANCISCO.   ¡Oh!
                *(Reparando en la duquesa muerta y yendo a
                colocarse al lado del lecho.)*
CARLOS.   ¿Qué es esto?
                                  ¡Reyes!
P. FRANCISCO.   *(Se arrodilla.)*
                                    ¡Muerta!
CARLOS.   ¡Imposible!
LORENZO.   Eso creí
                yo también.
CARLOS.   ¿Mas cómo di?
LORENZO.   En el umbral de esa puerta
                la asesinaron por mí.
                Ya aquí entró herida, de suerte
                que apenas llegó a entregarme
                la orden que pudo salvarme.
CARLOS.   ¡También contigo en la muerte!
                Pero, ¿quién ha sido?
LORENZO.   ¿No
                le estoy diciendo que yo
                tengo la culpa de todo?
                ¿Qué le importa de qué modo
                el crimen se consumó?
CARLOS.   ¡Para vengarlo!
LORENZO.   No hay nada

	que hacer; tras de esos matojos
	encontraréis los despojos
	de la víbora aplastada.
CARLOS.	¡Oh!
LORENZO.	La gitana. Adiestrados
	y en perseguirme maestros,
	la dejaron pasar vuestros
	estúpidos de soldados.
	Entre las sombras cobarde
	ella su puñal clavó,
	y allí la muerte encontró.
	Pero era tarde, era tarde…
CARLOS.	¿Y esa orden?
LORENZO.	Era la vida.
	Yo se la he dado a Cifuentes
	y al puñado de valientes
	que queda de mi partida.
	Mas no haya miedo. Serán
	buenos. Y útiles al rey,
	si los devuelve a la ley.
	El malo era el capitán.
CARLOS.	Si el rey te había hecho merced
	de un salvoconducto, yo,
	si tú quieres, puedo…
LORENZO.	No,
	capitán, no puede usted.
	Lea.
	(Entregando la orden de que lo fusilen.)
CARLOS.	*(Leyendo.)*
	«Orden de fusilar
	a Gallardo al recibir
	la presente».
LORENZO.	Eso es hablar
	claro.

144

CARLOS.	¿No quieres vivir?
LORENZO.	Ya ve que no puede ser.
P. FRANCISCO.	*(Desde donde está arrodillado.)*
	Espera en Dios, hijo.
LORENZO.	Espero.
CARLOS.	*(Insistiendo.)* ¿No quieres vivir?
LORENZO.	No quiero.

Cumpla usted con su deber.
(Carlos se queda un momento ensimismado contemplando a la duquesa muerta.)
Su sangre dio el arrebol[136]
(Mirando hacia fuera y volviendo a mirar por última vez a la duquesa.)
a esta mañana de grana.
Reyes, mañana, mañana…
Capitán.
(Llamando a Carlos que, volviendo a la realidad dice a los soldados.)

CARLOS.   ¡En marcha!
(Y Lorenzo, rodeado de los soldados que manda Peñaflores, marcha al patíbulo, y, al trasponer la puerta, el primer rayo de sol que acaba de salir ilumina la escena.)
BERNARDO.   ¡El sol!

TELÓN

---

[136] *arrebol*: color rojizo.

GUÍA DIDÁCTICA

① Redacta un resumen de *La duquesa de Benamejí* teniendo en cuenta que han de aparecer los siguientes elementos relevantes en la obra:

> amor

> salvoconducto

> condena

> sierra

> celos

> prisión

- ¿Cuál es el núcleo fundamental de la obra?

☐ El bandolerismo   ☐ Leonardo-Reyes

☐ El desorden social   ☐ La desigualdad social

☐ El cambio político   ☐ El cambio histórico

② Indica los tres caminos que seguirá Lorenzo Gallardo para conseguir a Reyes. ¿Cuál le fue más efectivo?

③ Extrae del texto el momento en el que el propio bandolero protagonista expone las razones que le condujeron a practicar ese ejercicio.

④ ¿En qué lugares se desarrolla cada uno de los actos?

- ¿En qué año se desenvuelve la acción? ¿Qué datos te han permitido averiguarlo?

⑤ Este drama histórico supone una exaltación de virtudes, de pasiones, de heroísmos y de sacrificios. Pero por encima de todo ello ¿qué es lo más importante?

- Como en el Romanticismo, en *La duquesa de Benamejí* aparece el juego de amor, celos y muerte. Pon algún ejemplo.

⑥ ¿Quién resulta ser «el niño del Olivar»? ¿En qué se ha convertido?

⑦ A pesar de sus continuas idas y venidas por encontrar su lugar en el mundo, Lorenzo se siente siempre desplazado. ¿A qué crees que se debe?

⑧ En la obra, el bandolerismo adopta distintas perspectivas: la que hace hincapié en los aspectos condenables y aquellos otros que justifican en cierto modo su comportamiento. ¿Qué personajes están a favor y en contra? Acompáñalo con ejemplos.

⑨ ¿Qué único personaje simpatiza con el forajido?

- ¿Quién les enseña a los jóvenes protagonistas el camino para huir?

- Indica el parentesco de Reyes con el duque y Carlos, y de este con el duque. Puedes consultar el acto y escena que se indica[137].

---

[137] De ahora en adelante, consignaremos Acto y Escena indicando únicamente el número de cada uno de ellos, por este orden.

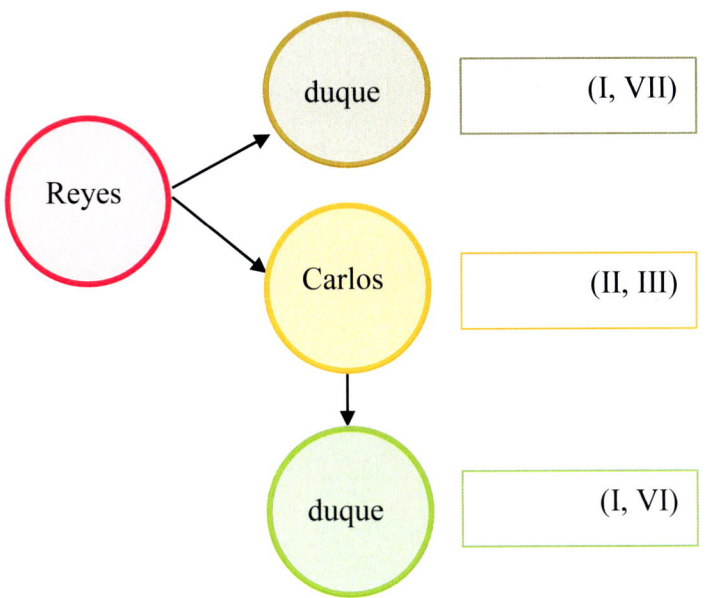

⑩ ¿Qué cualidades se dan simultáneamente en el personaje femenino de Reyes?

⑪ A lo largo de la obra, desfilan multitud de estamentos sociales de la aristocracia y del pueblo. Di cuáles son.

▪ ¿Qué indicadores del carácter de Lorenzo observas en estas palabras suyas?

> Ni yo abandono
> a mis hermanos de guerra,
> ni puede el rey de la sierra
> dejar vacante su trono
> –perdón, reina– sin dejar
> antes la vida. A sus pies
> lo pongo; cuando el marqués
> vuelva me puede entregar. (I, IX)

⑫ Lorenzo cree que la diferencia social es un impedimento insalvable para conseguir el amor de Reyes: «Yo solo puedo soñarte, / soñarte y no despertar». En cambio, esta piensa:

> No. La chiquilla,
> ya mujer, irá a buscar
> al niño del Olivar,
> más firme sobre la silla
> de su montura que ayer. (I, IX)

- ¿Qué interpretación tienen para ti estas palabras de la duquesa?

- ¿Qué piensan sobre esta relación otros personajes como Frasco José y Pedro Cifuentes?

⑬ ¿Cuáles de estos adjetivos consideras apropiados para definir el carácter de Lorenzo?

☐ Orgulloso	☐ Narcisista	☐ Egoísta
☐ Práctico	☐ Temerario	☐ Temido
☐ Idealista	☐ Valiente	☐ Noble
☐ Luchador	☐ Realista	☐ Vengativo

⑭ Di todo lo que sepas del pastor Bernardo. ¿En qué acto se encuentra dicha información? ¿En qué rasgos se define su procedencia?

⑮ Indica a qué acto corresponde cada uno de los siguientes elementos y situaciones.

	Acción desarrollada en la cueva de los bandidos.
	Coinciden abates y capitanes franceses, historias de bandidos y luchas políticas.
	Descripción del alijo.
	Casa de campo andaluza, con la sierra al fondo.
	Pasodoble militar al desfilar las tropas francesas.
	El bandido espera que alboree el día.
	La duquesa busca al capitán.

⑯ ¿Sabrías identificar a cada uno de los personajes a partir de esta foto del estreno en el Teatro Español en 1932?[138]

---

[138] MIQUI, Alejandro. "La semana teatral". En: *Nuevo Mundo*, Año 39, n. 1986, 1 de abril de 1932, p. 28.

⑰ Ubica las siguientes instantáneas en el acto al que pertenecen[139].

⑱ Explica en qué radica el drama de la obra.

---

[139] Ambas fotos aparecieron en "Sobre el escenario y entre bastidores". En: *Crónica*, Año 4, n. 125, 3 de abril de 1932, p. 7.

① Entre toda la clase escoged un fragmento que consideréis especialmente significativo de *La duquesa de Benamejí* y llevad a cabo una dramatización. Luego, exponed los aspectos que más os hayan llamado la atención.

② Localiza el refrán que esconde estas palabras del duque y explica su significado: «Masones, comuneros, carbonarios, ¡ya os llegó vuestro Sanmartín!» (I, III).

③ Aunque casi en su totalidad, las partes escritas en verso siguen el esquema de la rima asonante; en cambio, hallamos algunos pasajes en los que los autores se valen de la consonante. Pon, al menos, dos ejemplos.

- ¿Qué aporta la prosa y el verso al conjunto de la obra?

④ El cante y el baile tienen protagonismo sobre todo en el primer acto; concretamente en la fiesta que la duquesa ofrece en su finca señorial. Aquí cantan una seguidilla manchega:

Llevo conmigo, niña,
llevo conmigo
más penas que aceitunas
muele un molino.
Baila, morena,
que bailando se muelen
también las penas. (I, V)

Tengo una capa, niña,
verde y de plata,
como campo de olivos
con la luna clara.
Como alamares
relucen con la luna
los olivares. (I, V)

Realiza el esquema métrico de cada una de ellas.

⑤ Escribe el recurso literario que corresponde a cada una de estas expresiones:

«la fantasía popular simpatiza con la bárbara heroicidad» (I, IV)	
«y que se azora, y se aterra / y va a romper a llorar» (I, VIII)	
«y los labios en su cara, / y en su frente, y en su cuello» (I, VIII)	
«donde sobra quito, / doy donde falta» (I, IX)	
«y cuando llegue montada / en su caballo la aurora» (I, IX)	
«no al mentarlo el corazón / se me sale por la boca» (II, II)	
«nadie repara en que mira, / en que anda, en que respira» (II, III)	
«Y el mundo es el cascarón / de la almendra del querer» (II, VI)	

> ➤ aliteración ➤ metáfora
> ➤ antítesis ➤ personificación
> ➤ enumeración ➤ polisíndeton
> ➤ hipérbole ➤ quiasmo

⑥ El numeroso elenco de clases sociales da lugar a que, dependiendo del grupo social al que pertenecen los personajes, estos hablen de una forma u otra. Abundan los vulgarismos como *viroleta* por *violeta*, *urnia* por *urna*. Añade cuatro ejemplos más.

① A lo largo y ancho de *La duquesa de Benamejí* aparecen distintas especies botánicas. Busca información sobre ellas y rellena la siguiente ficha técnica que te puede servir de modelo. No olvides acompañarla de una foto.

- ✓ violeta (I, III)
- ✓ zarzales (I, IX)
- ✓ pinos (I, IX)
- ✓ breñales (II, I)
- ✓ jarales (II, II)
- ✓ olivares (III, III)

Nombre científico:	Nombre común:	Familia:	Flores:
		Origen:	Frutos:
		Altura:	Floración:
	FOTO		
Propiedades:		Hojas:	Usos:

② También se citan animales, especialmente cuando en el segundo acto la acción se traslada a la sierra: la ardilla, el lobo, el gato montés, el zorro y el águila (II, I). Más adelante, en el desenlace de la trama, se habla de cuervos y grajos (III, Cuadro II, Escena V). Busca información sobre estos mamíferos y completa la siguiente ficha de cada uno de ellos.

Familia:	Especie:
	Hábitat:
FOTO	Alimentación:
	Costumbres:
	Características:

Curiosidades y relación con su entorno:

③ Un día, después de sufrir una caída a caballo, Lorenzo descubre su amor por la joven Reyes:

> La duquesa, una chiquilla,
> [...] Pero el niño... era ya un hombre
> y no podía olvidar (I, IX)

Esta visión transformadora recuerda a la conversión de San Pablo que representó Luca Giordano con el título homónimo. Explica la historia que hay detrás de este cuadro consultando los *Hechos de los Apóstoles* 9:1-18; y la *Primera epístola a los corintios* 15:8-9.

④ Uno de los artistas españoles que más fortuna tuvo a la hora de escenificar la guerra de la independencia fue Francisco de Goya. Visualiza el vídeo *Los desastres de la guerra* (https://www.museodelprado.es/actualidad/exposicion/goya-en-tiempos-de-guerra/53c39859-eb62-4a16-9d26-063d43ddbfc0) y redacta luego un resumen con los datos que te parecen más relevantes.

⑤ *La duquesa de Benamejí*, de los hermanos Machado, fue llevada al cine. Completa la siguiente ficha técnica. No olvides diseñar una imagen que sirva como carátula (jugando también con la tipografía) y presentación de la película.

FOTO		
	Título:	
	Año:	
	Duración:	
	País:	
	Dirección:	
	Guion:	
	Género:	
	Música:	
	Fotografía:	
	Reparto:	
	Productora:	
	Sinopsis:	

6 Entre las descripciones del paisaje andaluz encontramos esta de la Escena I. Dibújala teniendo en cuenta las referencias espaciales que tienen que ver con la perspectiva:

Sala baja de un palacio campestre cerca de una serranía andaluza. Al fondo, puerta y amplios ventanales, por los cuales se ve un jardín, y, más lejano, un paisaje de olivares iluminados por la luna. Puertas a izquierda y derecha que comunican con el interior de la casa unas, y otras con las dependencias de la finca.
[…] La sierra, el corazón de la sierra. A un lado, hacia el fondo, una cueva. A derecha e izquierda, la entrada de varios senderos, entre peñas y breñales.

⑦ Anota todos los topónimos que hagan referencia a Andalucía. A continuación, ubícalos en el siguiente mapa de las tres provincias:

⑨ Uno de los personajes que aparecen en la obra de los Machado, el capitán francés M. Delume, representa a uno de los de los Cien Mil Hijos de San Luis que restauró el poder absoluto del monarca Fernando VII. Recopila información sobre este contingente francés y sintetiza en un mapa conceptual los hechos más significativos.

⑩ Hemos mencionado que la historia se desarrolla entre los últimos años del reinado de Fernando VII y el de Isabel II. Aunque aquel no interviene como personaje sí que es citado en algunas ocasiones. Busca información sobre este monarca y recoge en una línea del tiempo los datos más relevantes de su vida.

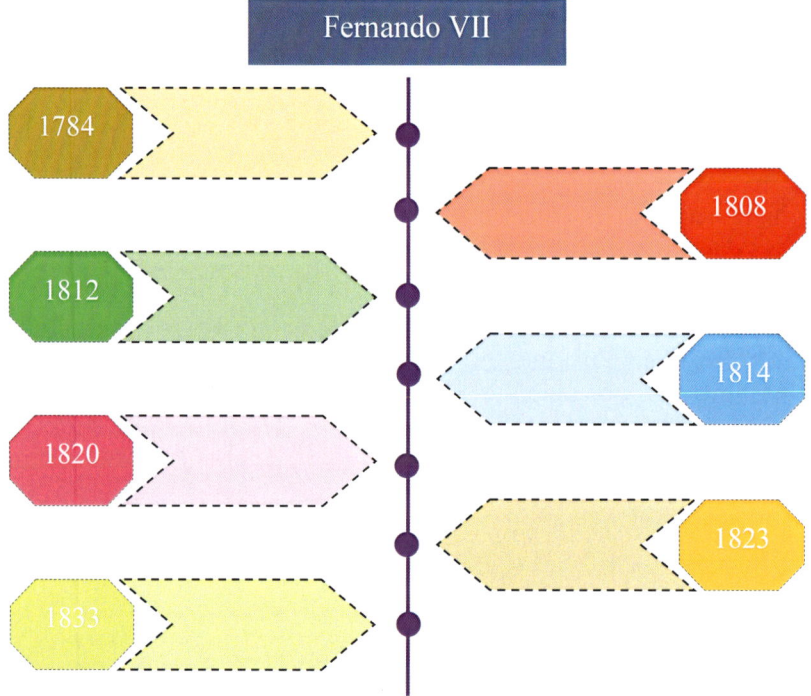

⑪ Hemos visto cómo la duquesa tiene a su cargo un mayordomo y un capataz del cortijo donde vive. Imagínate que eres el propietario de la finca y estás haciendo selección de personal para contratar a ambos. Diseña una entrevista de trabajo para los dos puestos. Consulta el trabajo de Corina Farreras "Nuevas tendencias en la selección de personal. Dime cómo resuelves este caso y te contrato" (*La Vanguardia*, 1 de enero de 2017).

⑫ La figura del bandolero aparece en numerosas obras literarias. *La corte de los milagros* de Valle-Inclán, *Hernani* de Victor Hugo, *Los bandidos* de Schiller, *Don Álvaro o la fuerza del sino* del duque de Rivas, *La devoción de la cruz*, de

Calderón de la Barca, *El condenado por desconfiado*, de Tirso de Molina, *Osar morir da la vida*, de Juan de Zabaleta, son algunos de los muchos títulos que puedes encontrar.

En la vida real, existieron bandoleros muy conocidos como Diego Corrientes, Jaime "el Barbudo", José María "el Tempranillo", Antonio Díaz "el Renegado", "los siete niños de Écija", etc. El más legendario, fruto de la ficción, es el de la serie de televisión *Curro Jiménez*.

Divididos en grupos, cada uno deberá buscar información sobre cada uno de ellos recogiendo en un montaje una presentación para una clase virtual.

⑬ Son varios los personajes que en *La duquesa de Benamejí* emplean en su discurso el andaluz. Ahí tenemos al capataz del cortijo José Miguel, el pastor Bernardo, los bandidos Pedro Cifuentes y Frasco José, un grupo anónimo de hombres y mujeres que están en la plaza del pueblo, Manuel García, la gitana Rocío, Lara, etc. Busca ejemplos en la voz de estos personajes que te sirvan para explicar cinco rasgos característicos del andaluz.

▪ Lee atentamente el poema del sevillano Luis Cernuda que comienza así: «¿Qué palabra es la que más te gusta?». Luego, contesta a las cuestiones que se plantean:

a) ¿Qué palabra del habla andaluza es la que más te gusta?

b) ¿Cuál es la que más te gusta por su sonido?

c) ¿Cuál es la que más te gusta por lo que expresa?

d) ¿Y la que contiene más sentimiento?

⑭ Hemos comprobado cómo algún personaje no siente inquietud alguna por la acción de los bandoleros porque les protege de la injusticia ayudando a los pobres. Son conocidos como bandidos sociales. Además de Robin Hood, ¿conoces algún otro personaje que prive de su patrimonio a los más ricos para entregarlo a los más desfavorecidos?

⑮ El capitán francés Delume, el abate don Antonio y la misma duquesa opinan que los amores pasionales que terminan dramáticamente son un puro juego literario.

M. Delume.	Lo español… Esa complicación magnífica de las dos grandes cosas, ¡tan española!
Reyes.	*(Al abate.)* Desengáñelo usted, amigo don Antonio. Dígale que esos amores no se ven aquí ya más que en los romances viejos.
Don Antonio.	[…] Porque España es todavía eso que dice el capitán Delume: la tierra de los grandes amores trágicos… (I, IV)

Aporta algunos ejemplos de amores imposibles de la literatura universal.

La desigualdad social

① Nada más comenzar la obra encontramos entre el capataz del cortijo y el mayordomo esta reflexión sobre la desigualdad social:

José Miguel.	Vaya, que siempre ha habido pobres y ricos, don Fabiancito.
Fabián.	Mucha verdad, José Miguel. Y…
José Miguel.	Y se me hace a mí que su mercé, con esos candelabros de plata, está mirando con una miajita de desprecio mis velones. Pues ya sabe usté que son de los mejores de Lucena. (I, I)

a) ¿Cuáles crees que son las causas de la población con riesgo de pobreza?

b) Al final de la versión que Ridley Scott realizó en 2010 de *Robin Hood* se expone el tema de una comunidad guiada por la Naturaleza que no diferencia entre clases sociales, mientras en Inglaterra reina el déspota Juan sin Tierra. Así habla Marianne:

El bosque es amigo de los forajidos. Ahora, los niños huérfanos nos acogen. Sin impuestos, sin diezmos, sin ricos ni pobres. Todo se reparte en la mesa de la Naturaleza. Hay muchas injusticias que reparar en el país del rey Juan.

■ Tomando como ejemplo el fragmento anterior, reflexionad acerca de si es posible una sociedad así. Una vez terminado, haced una puesta en común en clase.

② Busca la canción "In the ghetto" de Elvis Presley y escoge aquellas partes en las que se habla de la pobreza. ¿Piensas que esta conduce inevitablemente a la delincuencia?

③ Al igual que en otras muchas obras dramáticas de los hermanos Machado, en *La duquesa de Benamejí* se trata el tema de las diferencias sociales como impedimento para el amor. Este es un asunto que se ha dado a lo largo de la historia de la literatura en particular y del Arte en general.

■ ¿Crees que esta visión está justificada de alguna manera?

■ La educación y la cultura ¿influyen en las relaciones de pareja? Acompaña tu opinión de ejemplos que conozcas del mundo literario y del mundo del corazón.

④ Presta atención a esta escena de la película *Dragones y mazmorras*.

[Ridley] Ojalá supiera cómo darles una lección a esos magos.
[Snails] Sería genial, Ridley, el salvador. Me gustaría verlo. Escucha, Ridley. Las cosas son como son y no puedes hacer nada para cambiarlas. ¿Está claro? Existen los privilegiados y los desposeídos. A nosotros nos ha tocado la peor parte, así que ahora tenemos que buscarnos la vida.

▪ ¿Crees que no podemos hacer nada contra las injusticias? ¿Cuál ha sido tu último acto de rebeldía?

De buena fe

⑤ La palabra *fe* procede del latín *fides* (lealtad). El duque don Fernando y don Antonio hablan de la fe antes de conducir su conversación hacia el terreno político. Esto dice el primero: «La fe es todo, querido abate; sin fe no hay pueblo, ni señores, ni hay nada» (I, II). Busca todos los significados que sobre la entrada *fe* aparecen en www.rae.es. Define lo que para ti es la fe: ¿esperanza, vida, emoción…? ¿Qué te aporta?

- ¿Con cuál de las siguientes citas te sientes más reconocido? Justifica tu respuesta.

☐ «La fe consiste en creer cuando está más allá del poder de la razón creer» (Voltaire).

☐ «El optimismo es la fe que dirige al éxito. No se puede hacer nada sin esperanza ni confianza» (Helen Keller).

☐ «Aquel que tiene fe, nunca está solo» (Carlyle).

☐ «No es una fe en la tecnología. Es fe en las personas» (Steve Jobs).

☐ «Siempre sé tú mismo, exprésate, ten fe en ti mismo, no salgas y busques una personalidad exitosa y la copies» (Bruce Lee).

Menosprecio de corte y alabanza de aldea

⑥ Un tópico muy recurrente es el de menosprecio de corte y alabanza de aldea. Presta atención a estas palabras:

Bernardo.	En la sierra hay bueno y malo, como en todas partes.
Don Antonio.	Bien dices: sencillos pastores como tú, y bandoleros como Lorenzo Gallardo. La Arcadia española no es precisamente la de Sannázaro, duquesa. (I, III)

En el conocido libro *Menosprecio de corte y alabanza de aldea* (1539), su autor Antonio de Guevara expone las ventajas de esta sobre la ciudad. Este tema cuenta con una extensa tradición. Ya lo vemos en Publio Terencio Africano quien en

Los hermanos, así hace hablar a Mición, a propósito de su hermano Demea:

> Yo seguí esta vida ociosa y tranquila de la ciudad, y jamás he sido casado; cosa que por ahí se tiene a dicha. Él, por el contrario, quiso más vivir en el campo, y darse una vida de escasez y de trabajos. (I, I)

a) ¿Qué diferencia entre ambos ámbitos presenta el autor? ¿Sucede así en la realidad?

b) Aporta tus razones para esgrimir las ventajas e inconvenientes de vivir en una zona rural o urbana. Te remitimos al interesante artículo de Javier Ricou "Heidi ya no vive en el campo", publicado en *La Vanguardia* (30 de abril de 2006).

⑦ En la comedia *Asuntos de familia*, una serie de circunstancias da lugar a que cada miembro de una familia humilde dé a conocer sus respectivos secretos. En una escena, pasean el protagonista Vince, funcionario de prisiones, y Molly por el muelle de City Island. Llegado un momento, esta dice: «Toda ciudad ajetreada necesita una isla de paz. Y toda alma gitana un lugar de reposo».

a) ¿Cómo interpretas estas palabras de Molly?

b) Aldea-ciudad. Discutid en clase si ambas son compatibles. Posteriormente, divididos en dos grupos, uno debe convencer al otro de las ventajas de vivir en la ciudad; y al contrario: el otro intentará persuadir de los beneficios de residir en una zona rural.

c) Si lees el artículo de Celeste López "Otras consecuencias de la grave situación económica. Me vuelvo al pueblo" (*La Vanguardia*, 25-26 de diciembre de 2011), la autora llama la atención sobre la vuelta de muchos jóvenes al mundo rural. Completa el siguiente esquema con la información que se da en dicho trabajo.

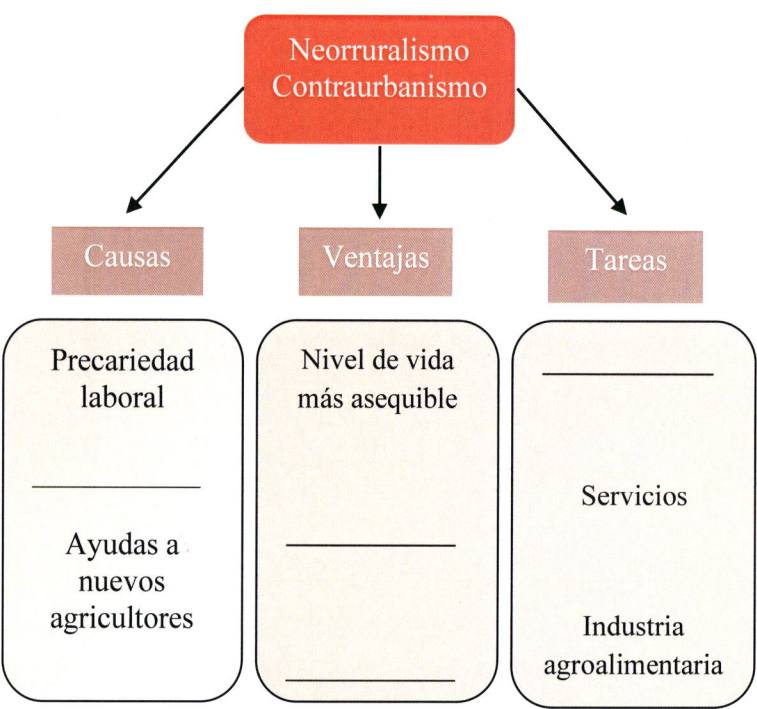

El destino en tu mano

⑧ A pesar de pertenecer a una sociedad tecnócrata, la adivinación del futuro sigue preocupando hoy en día. Una forma muy popular en Andalucía es el de leer el destino en la palma de la mano. Así lo hace Rosa en *La duquesa de Benamejí*:

Por esta rayita, un príncipe francés;   alta condición social
por esta, un sabio, Salomón no es;   inteligencia
por esta, un marqués.   alta condición social
[…] Pero un día ha de venir
quien te haga penar,
quien te haga sufrir,   amor verdadero
de la tierra o de la mar,
reina de Benamejí. (I, V)

a) Los profetas, los enviados o elegidos, la atracción por los horóscopos interesan a la mayor parte de la gente. En tu caso, ¿es así o crees, por el contrario, que el futuro es tan incierto que lo más conveniente es vivir día a día?

b) Ilustramos el tema con *La buenaventura*, obra del pintor Enrique Simonet. Halla las semejanzas con la obra de los Machado.

- En tu opinión ¿creencia o superstición?
- Busca información sobre otras prácticas como la magia blanca, el espiritismo, el ocultismo y el tarot explicando las diferencias entre ellas.

c) Una de las cuestiones que más nos inquieta son los años que vamos a vivir. Resulta paradójico que los especialistas han consensuado una receta para la longevidad: no fumar, controlar la obesidad, hacer ejercicio físico, entre otros, pero pocos son capaces de llevarlo a la práctica. ¿A qué se refiere el cirujano Crhistian Barnard cuando dice que «Mi deseo es morir joven lo más tarde posible»?

La muerte igualadora

⑨ En el segundo acto de *La duquesa de Benamejí* aparece el concepto de la democracia de la muerte, que en la Edad Media fue conocida como las danzas de la muerte. Esta ley universal representada en el arte la podemos ver en numerosas obras. También en la comedia de los Machado:

Pedro Cifuentes.	Lorenzo es un hombre como nosotros; no escapará a la ley.
Frasco José.	¿Qué entiendes tú por ley?
Pedro Cifuentes.	Que todos tenemos que morir. (II, I)

- Lee estos versos de la *Danza de la muerte*, anónimo del S. XV:

Yo soy la muerte çierta a todas las criaturas
que son y serán en el mundo durante:
demando y digo: ¡oh homne, ¿por qué curas
de vida tan breve en punto pasante?

- Compara ambos fragmentos (el teatral machadiano y el poético medieval) con esta ilustración de Thomas Rowlandson, *The English Dance of Death.* Establece similitudes y diferencias.

En gloria estés

⑩ Etimológicamente, *gloria* significa honor, fama, esplendor, grandeza, felicidad, gracia. En *La duquesa de Benamejí*, algunos personajes como Pedro Cifuentes entienden en la actitud y en la forma de vida de Lorenzo un ansia de gloria:

> Por ese voletío de la imaginación, que lleva al hombre a figurá en la historia. El hombre es el único animal que no se mueve por la comía, sino por el brillo y el tronío de la gloria. Nadie quié pasá po el mundo sin meté ruío, y sin hasé algo que se puea mentá, pa que se diga de él: ése era un hombre. (II, I)

En cambio, para Reyes la mayor conquista está en el amor: «Quien conquista un corazón / puede conquistar el mundo» (II, II).

En la película *El gran salto*, al morir el director de una empresa entra a ocupar su puesto Norvilles Barnes. Las expectativas de futuro no van bien. En esta escena, el protagonista Norvilles Barnes piensa en el suicidio, hasta que se le aparece la imagen del anterior director haciéndole leer una carta azul.

Si no me atengo a la hoja de balances y a las finanzas claro que nos va muy bien, pero en mi vida privada cometí graves equivocaciones. Dejé que el éxito se apoderara de mí, jugué absurdamente a ser un gran hombre y vi cómo mi vida se volvía cada vez más vacía como resultado de ello. Mi vanidad ahuyentó aquella que pudo salvarme. Una vez amé a una mujer, sí, como bien sabes, una dama hermosa y risueña, un ángel que en su sabiduría decidía esperarte a ti en lugar de a mí.

Organiza las palabras destacadas en el texto de acuerdo a los siguientes cuatro apartados. Seguidamente, redacta tu interpretación del fragmento:

| Actitud | Expectativas |
| Trabajo | Vida privada |

- ¿Qué es para ti la gloria? ¿El exceso de ego puede llegar a constituir un problema?

Lo andaluz y la andaluzada

⑪ Has podido comprobar cómo son frecuentes las señas de identidad de Andalucía y de lo andaluz en *La duquesa de Benamejí*. Basta un ejemplo de recordatorio. Así cuando José Miguel dice:

> Rocío… Rocío la Gitana. Una flamenquilla que anda rondando por aquí hace ya días y hoy se ha arrojado a pedirnos posá para esta noche. Los mozos de acá, el apeaor y el mulero, querían echarla… porque esta gente, la verdá que nunca viene a traer nada… Pero yo pensé: en la fiesta de esta noche puede que no haga mal papel la gitanilla. Ella, dicen que canta y baila como los ángeles. De mo es que…
> (I, I)

- ¿Crees que la gente que vive fuera de Andalucía tiene una imagen de esta ajustada a la realidad?

⑫ La comparsa "Los Equilibristas" dedicó una canción a poner de relieve los tópicos recurrentes que existen sobre la cultura andaluza precisamente para defender lo autóctono de la misma. Este es el contenido esencial de "Las luces y las sombras".

- ¿Qué reivindica la letra?

- ¿Añadirías algún otro tópico? ¿Y algún otro elemento en defensa de lo andaluz?

El bandido, ¿un rebelde villano?

⑬ En *La duquesa de Benamejí* en repetidas ocasiones se alude al carácter generoso del bandido, símbolo de la justicia distributiva:

Bernardo.	El que me dio esa onza de oro no fue ningún santo. Un santo no puede dar lo que no tiene. Fue un real mozo, el mismo rey de la sierra: Lorenzo Gallardo. (I, II)

Bernardo.	[...] Dicen que roba en los caminos. Puede ser. Pero también puede ser que eso digan porque lo quieran mal. Solo sé que da dinero a los pobres. (I, III)

Lorenzo.	Yo he robado.
Reyes.	A los ricos... Para dar a los pobres. (II, VII)

a) Consulta las siguientes obras pictóricas y describe las dos escenas: *Asalto a una diligencia* de Francisco de Goya y *La despedida del bandolero*, de Edwin Long. Añade a esta lista alguna obra más como, por ejemplo, *El robo de la diligencia*, de Eduardo Mortal.

b) La historia del film *Aventuras de Juan Lucas* se desarrolla en Sierra Morena. Un grupo de bandidos capitaneados por Juan Lucas se une a la causa que pretende derrocar al ejército francés de Napoleón en la Guerra de la Independencia. Es la Andalucía del siglo XIX de los hermanos Machado. Establece similitudes entre ambas:

> ¡Vais a luchar, muchachos, contra el ejército más fuerte del mundo a favor de la causa más noble. Os hablo en nombre del rey secuestrado. Lleváis pliegos míos para el generalísimo del ejército español. La libertad de España depende de vosotros. ¡Viva el Rey!

c) Divididos en grupos, os animamos a que realicéis una nube de palabras con diez términos que definan cada una de estas dos actitudes del bandolero: aquel que roba por miseria material y espiritual, y aquel otro que lo hace para beneficiar a los más desfavorecidos. Sería ideal que el dibujo aprovechado fuera original de un miembro de cada uno de los grupos. Entre las muchas aplicaciones accesibles, puedes utilizar: https://www.nubedepalabras.es/, https://www.wordclouds.com/, https://wordart.com/create.

Los héroes andan por casa

⑭ Del latín *heros*, el término *héroe* alude a una persona famosa, ilustre y reconocida por virtudes o hazañas. ¿Consideras a Lorenzo un héroe o un rebelde compasivo con los débiles?

⑮ Cuando hablamos de héroes, pensamos inmediatamente en la mitología clásica: Hércules, Aquiles, Eneas, etc. ¿Qué valores encarna un héroe de nuestra edad moderna? Elabora una escala numérica de acuerdo a la importancia que le des a cada uno de ellos.

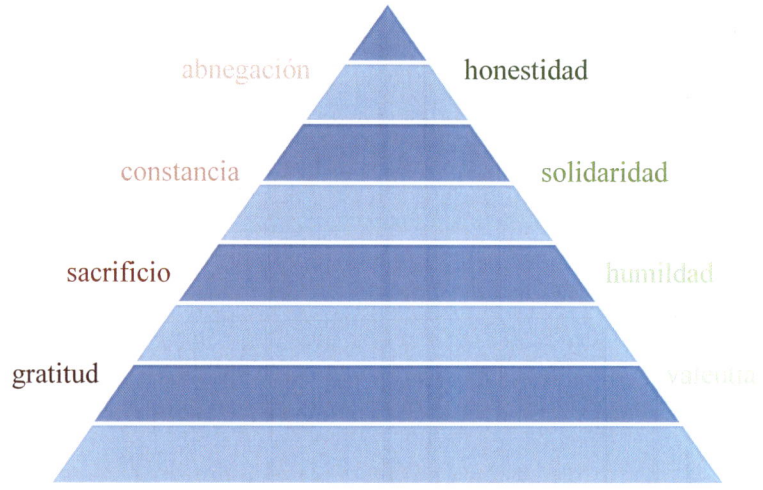

- El cine ha ido incorporando paulatinamente la figura de la mujer como fuerza que lucha contra la injusticia, superando el estereotipo vinculado exclusivamente al hombre. Haz una lista de heroínas del cine que conozcas. ¿En qué radica su heroicidad?

- ¿Qué reacciones u opinión despierta el héroe en la sociedad actual?

- Pon ejemplos de heroínas actuales.

- La escritora estadounidense Maya Angelou afirmó que «un héroe es cualquier persona que trata de hacer del mundo un lugar mejor para vivir». Cada uno de nosotros ¿estamos en condiciones de ser héroes?

⑯ Cada dos años, en Benamejí se lleva a cabo la dramatización de *La duquesa de Benamejí*, un macroespectáculo en el que intervienen más de cien artistas amateurs del pueblo cordobés. Puedes obtener más información de esta excepcional puesta en escena en enlaces como https://laduquesadebenameji.es/category/noticias/.

⑰ Os recomendamos la consulta del Centro Temático La Duquesa de Benamejí que podrás encontrar en la siguiente dirección: https://www.facebook.com/CTLaDuquesa/?locale=es_ES. Aunque, sin duda, una visita a sus instalaciones te proporcionará una visión muy precisa del pueblo cordobés de Benamejí y su relación con el bandolerismo con diversas y variopintas referencias históricas, pictóricas y literarias, además de información de la versión que de *La duquesa de Benamejí* fue llevada al cine.

No olvides que Benamejí pertenece a la conocida como *Ruta del Tempranillo*. Aquí puedes obtener más información: https://rutadeltempranillo.es/index.php/que-visitar-en-benameji/

⑱ Busca información sobre el aspecto que más te haya llamado la atención a lo largo del estudio de *La duquesa de Benamejí*. Crea un dossier donde recojas referencias, aspectos, fotos, reflexiones… de distintas fuentes de información: libros, revistas, internet, películas, canciones, obras de arte, foros…

El profesor/a que desee disponer del solucionario de la presente guía didáctica, puede solicitarlo a través del formulario:

ÍNDICE